PRIMO

Le Devoir de mémoire

Entretien avec
Anna Bravo et Federico Cereja

Traduit de l'italien par
Joël Gayraud

Avec une introduction
et une postface de
Federico Cereja

Illustrations
de Moro Gobbi

ÉDITIONS MILLE ET UNE NUITS

PRIMO LEVI
n° 50

Texte inédit.

© Éditions Mille et une nuits, janvier 1995
ISBN : 2-910233-67-7

Sommaire

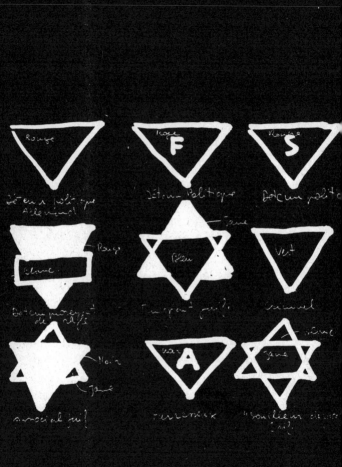

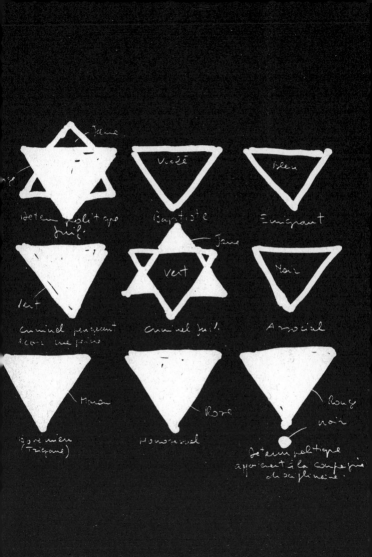

Introduction

Pour Primo Levi, le témoignage revêt, sur un ton grave et dans la langue la plus objective possible, la signification et la forme d'une déposition devant un tribunal – celui de l'histoire, des contemporains, des nouvelles générations : « Nous, les rescapés, nous sommes des témoins, et tout témoin est tenu, même par la loi, de répondre de façon complète et véridique. » C'est en cela que le témoignage prend tout son sens : le survivant doit être fidèle, jusque dans le moindre détail, à son propre rôle ; il doit être témoin au plein sens du terme (« une personne pouvant attester d'un fait en vertu d'une connaissance directe »), il ne doit donc parler que de ce qu'il a vu et vécu, sans concession aucune pour ce qu'il a entendu dire ou appris de ses camarades. Témoin direct. Ainsi, et ainsi seulement, devient-il impossible de contester l'histoire proprement incroyable du *Lager* : le témoin ne peut être réfuté ; il peut répondre : « J'y étais, j'ai vu. » Chacun des problèmes soulevés par les historiens révisionnistes, chacune des objections relatives au *Lager* perd sa substance et devient impossible à soutenir dès qu'elle se heurte à des témoignages qui sont autant de preuves historiques – certes à vérifier, comme tout document – mais qui existent et ne sauraient être laissées de côté. En recueillant les souvenirs des déportés qui allaient parler avec Primo Levi dans les écoles, je me suis rendu compte à quel point il se distinguait des autres, par son approche, par son ton et par sa volonté de se limiter strictement à l'expérience vécue.

Primo Levi s'est découvert un nouveau métier : enseigner cette matière difficile qu'est le récit de déportation, sans omettre de souligner les limites du récit des témoins eux-mêmes.

La collecte des témoignages des survivants piémontais des camps d'extermination a constitué l'une des plus larges recherches d'histoire orale jamais menée en Europe et a impliqué 220 des 250 anciens déportés répertoriés dans tout le Piémont*. Cette initiative, source de nouveaux documents pour l'histoire de la déportation dans le Piémont et en Italie, ne pouvait que rencontrer la pleine adhésion de Primo Levi, le protagoniste le plus célèbre de cette histoire.

FEDERICO CEREJA

---

* Ces témoignages sont déposés aux Archives de la déportation piémontaise de l'Institut historique de la résistance piémontaise.

PRIMO LEVI

Le Devoir de mémoire

Entretien avec
Anna Bravo et Federico Cereja

Note de l'éditeur

Le Devoir de mémoire reprend en substance un entretien de Primo Levi avec deux historiens, Anna Bravo, professeur d'histoire sociale à l'université de Turin, et Federico Cereja, et professeur d'histoire contemporaine à Alessandria (faculté des sciences politiques de l'université de Turin).

Cette rencontre a été faite dans le cadre d'une recherche sur la mémoire de la déportation entreprise en 1982 et parrainée par l'Association nationale des anciens déportés (Aned), le conseil régional du Piémont et le département d'histoire de l'université de Turin. La transcription, proposée ici, de cet entretien enregistré sur magnétophone le 27 janvier 1983, a été publiée dans la *Rassegna Mensile di Israel* en 1989, en conservant la transposition intégrale du langage parlé. En accord avec la famille de Primo Levi, que nous remercions, nous avons confié à Federico Cereja, avec la collaboration du traducteur Joël Gayraud, l'adaptation littéraire de ce document qui rend compte de l'exceptionnelle position de témoin de l'écrivain Primo Levi.

Nous dédions cette édition à la famille Levi et à la mémoire des déportés piémontais.

Le Devoir de mémoire

– Parmi les éléments importants de votre conférence à l'Université*, il y avait la série de rituels, de comportements suggérés, imposés, décidés en commun que nous avions appelés le « savoir-vivre » du camp.

– Oui… Je préfère vous prévenir tout de suite, il se peut que je me répète, que je répète des choses qui apparaissent dans mes livres, c'est un inconvénient inévitable. Comme partout, il y avait un code officiel, un système d'interdits et de prescriptions imposés par les autorités allemandes. Mais mêlé à cela, se superposant à ce code, il y avait aussi un code de comportement

Le texte en italique est dû à Anna Bravo et Federico Cereja, le texte en romain à Primo Levi.
* En 1982, Primo Levi était intervenu au séminaire de préparation des chercheurs à l'université de Turin.

spontané que j'ai appelé « savoir-vivre » ; certaines prescriptions et certains interdits pouvaient être tournés, il fallait le savoir, mais on l'apprenait avec l'expérience, quand on survivait à la crise de l'initiation, qui était la plus pénible. Celui qui survivait aux premiers jours finissait par apprendre tous les biais, toutes les ficelles possibles – la meilleure manière de se faire porter malade, par exemple – et aussi que la corruption régnait dans tout le *Lager**, chose qui avait surpris tout le monde. En effet au moins nous, Juifs italiens, qui n'avions été que très tard en contact avec les Allemands, nous avions adopté l'image officielle de l'Allemand, cruel et incorruptible, alors qu'en réalité ils étaient extrêmement corruptibles. On l'apprenait, plus ou moins vite, avec l'expérience. Ce n'était pas seulement les Allemands, qui étaient plutôt au-dehors et paraissaient des divinités inaccessibles, mais toute la hiérarchie du camp dépendant des Allemands qui était corruptible. Il y avait d'ailleurs un mot polonais, *protekcja*, qu'on apprenait tout de suite. Cela mis à part, régnait tout un ensemble de comportements qui n'avait rien à voir directement avec la survie, mais était considéré comme la marque d'une bonne ou d'une mauvaise éducation ; j'en ai signalé un qui était celui… quand on vous demandait de prêter votre cuillère. En général, c'était un prêt qu'on

---

* Terme allemand désignant les camps de concentration. [N.d.E.]

n'accordait qu'à une personne de confiance, parce qu'une cuillère, c'était un capital, elle valait une ration de pain, on ne la donnait qu'à une personne de confiance ou que l'on pouvait surveiller. On ne vous donnait pas de cuillère, il fallait la gagner, c'est-à-dire l'acheter au début avec du pain. Entre parenthèses, à la libération du camp, nous avons trouvé un entrepôt rempli de cuillères, il n'y avait aucune raison de ne pas les distribuer… Le nouvel arrivant était donc contraint de laper la soupe comme un chien, car personne ne lui donnait de cuillère ; en tout cas, quand on vous demandait de prêter la vôtre, il était bon de la lécher d'abord ; on mangeait sa soupe, puis on léchait bien la cuillère pour la nettoyer et c'est alors seulement qu'on la prêtait au demandeur. Je pense aussi à quelque chose d'autre : la tenue vestimentaire. Cela peut sembler étrange puisqu'il était presque impossible d'être habillé proprement, mais, comme dans la vie normale, les habits avaient de l'importance : un chapeau et des chaussures « décents » – je dis décents entre guillemets, parce qu'ils n'étaient jamais décents, les déportés avaient derrière eux un parcours extraordinaire… – mais, d'une certaine façon, ce souci de propreté faisait partie de la discipline du camp. J'avais tendance au début à l'oublier, cela me semblait un souci superflu, je trouvais inutile d'avoir à épousseter une veste pleine de graisse, de taches de rouille, mais les anciens m'ont dit :

« Non, tu ne dois pas faire ça. Ici on *doit* avoir des chaussures propres, une veste propre, etc.; on doit avoir le visage propre, il ne faut pas chercher à échapper au coiffeur. » On ne se faisait la barbe qu'une fois par semaine, mais cette fois-là elle devait être faite, non seulement par respect pour la discipline du camp, pour les règles du camp, mais aussi comme armure extérieure et visible de notre vie morale. C'est une sorte d'instinct collectif qui nous y poussait : celui qui se laissait aller était en péril, venait toujours en dernier.

– *Avez-vous remarqué, par rapport à cette exigence de dignité, même au niveau des apparences, si l'on pouvait établir une différenciation en relation avec l'origine sociale, si certains modèles culturels de propreté, de décence, jouaient un rôle ou non ?*
– Je ne pense pas. D'ailleurs l'origine sociale s'effaçait très rapidement, et c'étaient d'autres facteurs qui prenaient le dessus. Je me souviens d'intellectuels tombant dans la déchéance extrêmement vite, alors que des dockers ou des gens habitués au travail manuel résistaient mieux. Il n'y a pas de critère absolu ; il y avait d'autres critères. L'un d'eux était celui du poids corporel : il est clair qu'un homme comme moi, mince de nature, qui, à son arrivée au *Lager*, pesait quarante-neuf kilos, avait besoin de moins de calories qu'un homme de quatre-vingts ou quatre-vingt-dix

kilos ; dans mon cas ce fut un facteur de survie, un avantage. Beaucoup d'intellectuels sombraient, parce qu'il se trouvaient face à un travail jamais effectué auparavant, confrontés à l'obligation de travailler physiquement, à s'occuper de choses qu'un homme aisé ne fait jamais, à brosser ses vêtements sans brosse, avec les mains, les ongles…

– *À veiller à son propre entretien.*
– Oui, au lieu d'en laisser le soin à d'autres.

– *En effet, dans les familles, ce travail incombait aux femmes, à l'épouse, à la bonne…*
– Bien sûr, on en chargeait quelqu'un d'autre. Au *Lager*, en revanche, il fallait y veiller. Moi-même, je me suis trouvé en grand danger les premiers jours, en raison d'un fait important pour nous autres Italiens, Juifs italiens : l'impossibilité de communiquer ; et là je crois bien avoir été sauvé par l'amitié. J'ai ressenti cette impossibilité comme une brûlure au fer rouge, comme une torture ; on tombait dans un milieu où on ne comprenait pas un mot, où la parole ne pouvait être comprise, où on ne parvenait pas à se faire entendre. On avait beaucoup de chance si on trouvait un Italien avec qui communiquer. Nous étions peu d'Italiens, une centaine sur dix mille, un pour cent des détenus du *Lager*, et les étrangers étaient rares à par-

ler notre langue ; parmi nous, presque personne ne parlait allemand ou polonais, seuls quelques-uns parlaient français. Nous souffrions d'un terrible isolement linguistique. Et trouver une faille, un moyen permettant de dépasser cet isolement linguistique était un facteur de survie. Et trouver l'autre extrémité du fil, une personne amie, c'était le salut. Or ce garçon, Alberto, dont j'ai souvent parlé dans mes livres, était l'homme qu'il fallait, il avait du courage à revendre pour lui-même et pour les autres, il était en mesure de le prodiguer, et je me suis retrouvé avec lui, plutôt par hasard, sans jamais bien comprendre… J'ai trouvé en lui un sauveur ; ce qu'il trouvait en moi, il me le disait : « Tu es quelqu'un qui a de la chance. » Je ne sais pas bien sur quoi il s'appuyait pour dire ça, mais le destin l'a montré depuis, j'ai eu de la chance. J'ai tenté à plusieurs reprises de théoriser ce qui m'avait assuré le salut et j'en ai conclu peu de chose, j'en ai conclu que le hasard était le facteur dominant. Par exemple, dans mon cas, moi qui n'avais pas une santé particulièrement solide, j'ai été une année entière sans tomber malade, sans même une affection banale, qui pouvait du reste être redoutable.

– *Puis, à la fin…*
– Je suis tombé malade au moment où il le fallait, quand c'était une chance, parce que les Allemands ont

de façon imprévisible abandonné les malades à leur destin.

— *Il semblera peut-être un peu rapide de dire que, dans certains cas, la chance consiste à se permettre de tomber malade quand c'est possible, de tomber malade seulement quand... comme si le corps résistait par une sorte d'autorégulation jusqu'au moment où il peut nous permettre de nous laisser aller.*

— Dans certains cas, c'est sûr. Peut-être cela s'est-il passé ainsi, mais ce phénomène arrive aussi dans la vie courante.

— *Effectivement... Pour revenir à ce « savoir-vivre », je me souviens que vous avez fait allusion à un code implicite selon lequel on ne devait pas parler de certaines choses.*

— Oui, c'était un parallèle. Ici on aborde un sujet qui touche au discours sur la mort, dont je parlerai un peu plus tard. Dans la vie courante, il n'est pas convenable dans une ambiance détendue, familiale, de parler de cancer. De même, dans le camp, c'était faire preuve de maladresse, pour ainsi dire de mauvaise éducation, de parler de crématoire ou de chambre à gaz. Oui, c'était un sujet qu'on pouvait éviter, parce qu'il n'y en avait pas matériellement dans notre camp ; je n'étais pas à Birkenau, mais à Monowitz.

Auschwitz ne constituait pas un seul camp, il y en avait plusieurs et le mien était le troisième dans la hiérarchie, c'était Auschwitz III, qui était le plus grand des camps secondaires. Le crématoire était à Birkenau ; je n'ai jamais mis les pieds là-bas et je ne saurais dire si ce code de conduite y était également en vigueur, mais dans mon camp, il était considéré comme incorrect d'évoquer de tels sujets, on faisait taire celui qui en parlait, on haussait les épaules, on changeait de conversation.

– *Hormis celui-ci, y avait-il d'autres sujets frappés d'interdit ?*
– Non. Le sujet qui revenait comme une obsession était la nourriture, mais il était si général, si commun à tous et à n'importe qui, qu'on le tolérait, bien qu'il fût nuisible. Parler de menus raffinés dans de telles conditions trahissait une pulsion impérieuse et suscitait une réaction de… comment dire ?… d'irritation, de nervosité, mais on le faisait tous. J'ai connu peu d'hommes assez forts pour résister à cette tentation : parler de ce qu'ils mangeaient chez eux, en l'idéalisant, oui, en l'idéalisant. C'était vraiment le sujet principal, on n'en sortait pas ; c'était le sujet de conversation par excellence. Je voulais encore évoquer ceci : le discours sur la mort. La peur de la mort n'était pas qualitativement différente, pour autant que je m'en souvienne,

de celle que l'on connaît dans la vie normale. Aujourd'hui, nous avons beau être libres, nous savons tous que nous allons mourir, et là-bas non plus on n'ignorait pas que la mort frappait : non pas dans dix, vingt ou trente ans, mais dans quelques semaines, dans un mois. Étrangement cela ne changeait pas grand-chose. La pensée de la mort était refoulée, comme dans la vie courante. La mort ne figurait pas au registre des mots ou des peurs quotidiennes, on manquait si cruellement de tout, de nourriture, de chaleur, il était si vital d'éviter la fatigue et les coups, que la mort, qui n'apparaissait pas comme un péril immédiat, était escamotée.

– *Pour m'en tenir à cette question de la mort, je voudrais savoir s'il y a eu une sélection dès votre arrivée ?*

– Oui. À la descente du train. Dans les premières minutes. C'était la règle à l'arrivée de chaque convoi, mais sur le moment nous ne l'avons pas compris. En tout cas, moi, je ne l'ai pas compris, et parmi les Italiens bien peu ont dû le comprendre. C'était une opération extrêmement rapide, fondée sur un quota, qui, je l'ai su plus tard, était à peu près constant, environ les quatre cinquièmes. Dans chaque convoi, les trois quarts des déportés au moins étaient envoyés directement à la chambre à gaz, et un cinquième ou un quart allait au travail.

– *Et quand donc avez-vous eu la certitude de l'existence de la chambre à gaz, outre celle des fours crématoires naturellement ?*

– Dans notre camp, c'était une question laissée sous le boisseau ; comme je l'ai déjà dit, on n'en parlait qu'au milieu de mille censures, parfois quelqu'un qui venait de Birkenau… Je me rappelle, par exemple, un garçon que j'ai rencontré très vite, c'était un Turc ou un Grec qui parlait italien ; il venait de Birkenau et il disait : « Oui, à Birkenau, on travaille moins qu'ici, mais là-bas, c'est la mort. » Mais quand je lui ai demandé : « Que veux-tu dire par là ? », il a haussé les épaules et n'a pas insisté. Non… dans notre camp, s'il y avait une idée qu'on cherchait à tout prix à refouler, c'était celle de la chambre à gaz. Mais il me semble qu'ailleurs aussi, même à Birkenau… Il faut songer que dans les conditions où il était plongé, le déporté ne possédait pas notre sensibilité et notre émotivité. Il était hébété, et cette hébétude assurait son salut, car elle lui permettait de tenir jusqu'à la fin de la journée en ne se préoccupant que des réalités immédiates et quotidiennes, et en refoulant le reste. Notre sensibilité était réduite, surtout notre émotivité. Je dois ouvrir ici une parenthèse : après quarante ans, ou presque, je me rappelle tout cela à travers ce que j'ai écrit ; mes écrits jouent pour moi le rôle de mémoire artificielle, et le reste, ce que je n'ai pas écrit, se résume à quelques détails.

– Nous voulions justement vous poser une question sur le rapport écriture-déportation, parce que, évidemment, quand on écrit, on ne relate pas toute son expérience : on trie, on sélectionne, on organise, on fait un travail d'homme de lettres, d'écrivain. Alors qu'avez-vous éliminé dans vos écrits ? que vous rappelez-vous avoir choisi de laisser de côté ?

– Je n'ai pas fait un choix conscient, j'ai cherché alors à transcrire les choses les plus pénibles, les plus pesantes, les plus lourdes, et les plus importantes ; mais il me semblait assez futile d'introduire dans *Si c'est un homme* certains dialogues, certaines conversations avec des collègues, des amis, et j'ai omis de les mentionner – je ne dis pas que j'ai oublié de le faire – et j'en ai retiré plus tard une douzaine de récits, qui figurent dans *Lilith*, je ne sais pas si vous les connaissez... J'évoque surtout des rencontres, des personnages. Il me semblait un peu léger de les introduire dans *Si c'est un homme*. Il me semblait que le thème de l'indignation devait prévaloir, c'était un témoignage, presque de nature juridique, et j'entendais en faire un acte d'accusation non dans un but de représailles, de vengeance, de punition, mais en tant que témoignage, et pour cette raison certains sujets me semblaient alors marginaux. Par exemple, je ne sais si vous vous en souvenez, l'un des premiers récits de *Lilith*, celui du disciple, ce collègue hongrois qui ne voulait ni voler ni mentir, qui était resté fidèle à sa morale d'homme libre : il venait d'arriver et il estimait que transporter dix-sept briques avec un vide au milieu au lieu de vingt, ce n'était pas permis, que cela constituait un mensonge en somme. J'avais cherché à le convaincre que nous n'étions pas dans un monde où régnait la morale antérieure, que c'était un monde bipartite, un monde divisé en deux – nous et les autres – et que la morale courante ne fonctionnait plus : les autres sont de tels ennemis, ce qui nous sépare est si dur… comment dire ?… si féroce, que la morale courante a cessé d'être applicable. Et, plus tard, en effet, il a dérobé un radis dont il m'a fait cadeau, comme pour me remercier de la leçon que je lui avais donnée. Des épisodes comme celui-ci, qui constituent des récits assez minces, ne me semblaient pas tout à fait dans le ton dans *Si c'est un homme*, ils étaient une octave en dessous, et je les ai écrits bien plus tard. Je ne peux pas en donner une raison précise… Par exemple, l'histoire du retour de Cesare dans *La Trêve*, je l'ai écrite ultérieurement, parce que je n'avais pas le droit de l'écrire avant. Il en va ainsi pour beaucoup d'histoires concernant des personnages que je croyais toujours en vie à l'époque. Je ne les ai pas écrites parce que je sais qu'il est toujours imprudent de parler de gens vivants, même si on en fait l'éloge, si on en dit du bien ; il y a toujours un risque. On a la quasi-certitude de leur faire du mal,

C'était matériellement impossible. Où les garder, dans quelle cachette ? Dans une poche ?… nous n'avions rien, on changeait nos lits, nos paillasses sans cesse, on changeait aussi nos vêtements, il n'y avait aucun moyen de rien garder sur soi. Je ne disposais que de ma mémoire.

– Je voudrais revenir un moment sur cette question de l'initiation. Dans Si c'est un homme, *vous parlez aussi, assez brièvement, d'une série de rituels, de petits tours, qui étaient faits aux nouveaux, et cela me fait penser aux rituels en vigueur dans d'autres grandes concentrations humaines. Et cela m'intéresse d'autant plus que c'est un point qui n'est pas tellement développé dans les entretiens que vous avez donnés. À savoir l'accueil que la communauté réserve aux nouveaux, les épreuves qu'elle leur impose, qu'elle leur fait passer, avant de les accepter, car il semble que même là-bas il y ait eu quelque chose de ce…*

– Il faut distinguer entre initiation de la part des autorités et initiation de la part des camarades. La première était brutale, par exemple le fait de ne pas distribuer de cuillères ; ou bien, dans d'autres camps que le nôtre, comme j'ai pu le lire par ailleurs, le nouveau venu était battu dès son arrivée, il devait comprendre tout de suite que tout espoir était perdu. Dans notre camp, cette initiation officielle n'avait pas lieu, car c'était un camp hybride, nous étions des ouvriers, et l'industrie allemande avait intérêt à ce que nous soyons en état de travailler. Je ne peux donc pas raconter grand-chose sur l'initiation effectuée par les SS. Sur celle pratiquée par nos camarades, oui. Le nouveau venu, le « gros numéro », parce qu'il portait un numéro plus élevé que ses prédécesseurs, paraissait comique ; comique parce qu'il était désorienté, parce qu'il était gras, gauche, qu'il ne comprenait rien, et avec la cruauté caractéristique des écoles et des casernes, cet aspect comique était objet de mépris. On jouait des tours au nouveau, on lui transmettait parfois des nouvelles absurdes, grossièrement fausses, à seule fin de le mettre dans l'embarras. Un jour on m'a dit : « Le travail que tu fais ne te plaît pas ?… Va donc peler des pommes de terre, va demander à peler les pommes de terre », et je l'ai fait, j'y suis allé, avec le peu d'allemand que je savais. Ça aussi, notre inaptitude linguistique – l'homme qui ne parle pas, qui ne possède pas le verbe – était perçue comme comique. Je ne sais pas si on a souvent abordé cette question, puisque la plupart des gens que vous avez interrogés sont des politiques, n'est-ce pas ?…

– *Je ne dirais pas que c'est la majorité.*
– Ce n'est pas la majorité ?

– *La moitié.*
– Seulement ?

– *Il y a aussi beaucoup de militaires en déroute, raflés.*

– Ah ! parce que vous interrogez aussi les militaires ?

– *Non, uniquement les KZ*.*

– Parmi les KZ, il n'y avait pas beaucoup de militaires.

– *Non. Mais ils avaient été pris dans l'armée, surtout en Yougoslavie, puis ils étaient allés chez les partisans de Tito, ou bien n'avaient servi comme partisans que quatre ou cinq jours et avaient été pris tout de suite. En tout cas, ils étaient tous KZ.*

– J'ai compris.

– *Beaucoup n'étaient pas politisés au sens strict du terme.*

– À mon avis, l'isolement linguistique était moins sensible à Mauthausen, car les Italiens y étaient plus nombreux.

– *En effet les témoignages des camps comme Ausch-witz ou des camps du Nord où les Italiens, et au moins les Piémontais, étaient moins nombreux, sont assez rares et*

---

* Abréviation de *Konzentrazionslager*. Désigne par extension les détenus des camps d'extermination.

les problèmes linguistiques apparaissaient immédiate-
ment; alors que dans une usine de Gusen, quatre-vingt-
dix pour cent des prisonniers étaient italiens et tous
ouvriers, ce qui formait une population très homogène.

– Effectivement.

– Ils étaient de Sesto San Giovanni et de la Fiat de
Turin, donc ils étaient plus homogènes. Je voulais vous
demander si l'initiation était seulement négative,
comme tout ce dont vous avez parlé, ou si elle avait
aussi un côté positif, vous procurant des informations
pour vous sauver.

– Oui, mais rarement.

– Rarement?

– Oui. À cause de la barrière linguistique, et aussi
par manque de bonne volonté, parce que le nouveau
venu n'était pas intéressant. C'était… c'était un
gêneur, une bouche de plus à nourrir, un concurrent, il
n'intéressait personne, il n'y avait aucune solidarité.
C'est du moins mon expérience, je parle de ce que j'ai
connu. La solidarité était insuffisante.

– Vous y faites allusion aussi quand vous établissez
un parallèle avec d'autres situations de grande
oppression où on constate des heurts très violents
entre les opprimés.

– Oui, je l'ai dit explicitement : quand la captivité s'accompagne d'un degré d'oppression extrême, la solidarité s'effondre. D'autres facteurs prennent le dessus, comme la survie personnelle.

– C'est probablement aussi la perte d'identité qui favorise cette atomisation, il me semble que plus dépérit l'identité, plus on s'enferme en soi-même et moins on devient capable de communiquer et de se soucier des autres ; j'ai l'impression qu'il s'agissait d'un processus de ce type.

– Je ne saurais dire. Que signifie perdre son identité ?

– S'apercevoir que tous les modèles culturels et moraux sur lesquels on a bâti sa vie, là-bas – comme vous venez de le dire – ne valent plus rien.

– Oui, je comprends.

– Autrement dit, la perte du cadre de référence fondamental de l'existence ; même si les détenus étaient plutôt jeunes – vous étiez vous-même très jeune –, ils possédaient déjà un tel cadre : on a déjà suffisamment vécu pour avoir élaboré de façon autonome ses acquis, ses modèles, et soudain tout s'effondre…

– Oui. C'est certain. Je l'ai peut-être dit en d'autres termes, moins techniques que celui de « perte d'identité ».

– *En effet.*

– En un mot, on se trouvait perdu, transplanté dans un milieu qui n'était pas le sien.

– *Je voulais vous demander quelque chose à ce propos : vous avez été déporté en tant que Juif et partisan…*

– En tant que Juif, mais j'étais aussi un partisan.

– *D'accord. Subjectivement vous avez été déporté autant comme Juif que comme partisan. Mais comment, selon vous, réagissait celui qui se trouvait là comme ça, un peu par hasard en somme, qui était simplement ou Juif ou déporté non partisan ?*

– Mon engagement dans les partisans a compté très peu. J'ai été partisan pendant quelques mois et seulement de nom, je n'étais même pas armé. Mon cas coïncide avec celui de l'homme pris en tant que Juif, donc puni pour la faute d'être né, en somme, sous le coup d'une gigantesque injustice ; je me rappelle, soit pour moi, soit pour mes compagnons juifs du *Lager*, n'avoir jamais fini de m'étonner de cette énorme injustice. Punir un adversaire politique, le mettre en prison ou l'envoyer au *Lager* est cruel, mais rationnel, on l'a toujours fait ; jadis on vendait comme esclaves les prisonniers de guerre. C'est une réalité de toujours, blâmable, mais de toujours, on la rencontre même dans le monde animal : les fourmis font des razzias et prennent des esclaves. Mais punir l'autre parce qu'il est autre, sur la base d'une idéologie abstraite, nous semblait le comble de l'injustice, de la sottise et de l'irrationalité. Pourquoi, en quoi, suis-je différent des autres ? Il y a ici une distinction importante à faire : les Juifs pieux, les Juifs croyants, comme tous les croyants, ne comprenaient pas, ne ressentaient pas cette injustice, ils y voyaient un châtiment divin, l'imputaient au dieu incompréhensible, au dieu inconnu, qui a pouvoir de vie et de mort, qui ne suit que des critères inaccessibles à notre entendement, car tout ce que Dieu décide doit être accepté. Mais pour un laïc comme je l'étais, et comme je suis resté, c'était la plus grande iniquité possible, que rien ne pouvait justifier ou expliquer.

– Cette expérience a-t-elle changé quelque chose dans votre condition de Juif, par la suite ou dans le camp ?

– Non. Je dirais qu'elle a affaibli par la suite mes convictions religieuses, qui étaient déjà très minces. J'ai eu l'impression, je l'ai toujours, qu'aucun credo religieux ne peut justifier le massacre des enfants. Un adulte peut être, consciemment ou inconsciemment, coupable, celui qui a vécu a fait acte de transgression d'une façon ou d'une autre, mais un enfant, non.

– *Mais vous avez été mis en contact avec le monde juif de l'Est que ne vous connaissiez guère et qui vous a beaucoup intéressé, comme le montrent vos récits…*

– Oui, mais cet intérêt s'est manifesté bien plus tard. C'est le résultat d'une élaboration postérieure. Le contact que j'ai eu là-bas, avec le judaïsme de l'Est, a été traumatisant et négatif. Nous étions rejetés, nous Juifs sépharades, ou en tout cas italiens, parce que nous ne parlions pas yiddish, nous étions étrangers. Étrangers au début pour les Allemands en tant que Juifs, et étrangers pour les Juifs de l'Est, car ne faisant pas partie des leurs ; ils n'avaient pas même notion d'un judaïsme qui… Beaucoup de Juifs polonais d'humble origine s'irritaient de notre présence : « Mais quel Juif es-tu ? *Redest keyn jiddisch, bist nit keyn jid* », disaient-ils, je ne sais pas si vous comprenez… Comme *jiddisch* est l'adjectif qui dérive de *jid*, *jid* signifie jude, juif, on a presque là un syllogisme ; c'est comme si l'on disait : « Un Français qui ne parle pas français »… Un Français qui ne parle pas français n'est pas un Français. Un *jid* qui ne parle pas *jiddisch* n'est pas *jid*. Le contact a été celui-là, avec quelques exceptions naturellement, avec quelques figures qui avaient conservé une certaine noblesse, un certain discernement ; qui mesuraient combien nous étions sans défense. Nous les Juifs italiens, nous nous sentions particulièrement vulnérables ; avec les Grecs, nous étions les derniers parmi les derniers ; je dirais même que c'était pire pour nous que pour les Grecs, parce que les Grecs étaient en grande partie des gens habitués à la discrimination, l'antisémitisme existait à Salonique, beaucoup de Juifs de Salonique avaient fait leurs premières armes en ce domaine, ils s'étaient rodés au contact des Grecs non juifs. Mais les Juifs italiens, si accoutumés à être traités à égalité avec tous les autres, étaient vraiment privés de défense, nus comme un œuf sans coquille.

– Y avait-il une forme de religiosité dans le camp chez les Juifs polonais ?

– Chez quelques-uns, oui. Notre camp était presque uniquement composé de Juifs, à quatre-vingt-quinze pour cent. Il y avait donc quelques rabbins qui, en cachette, exerçaient des fonctions religieuses. Ils priaient publiquement, ce qui attirait beaucoup de gens, même des incroyants.

– Je voulais vous poser une question que m'a suggérée la lecture d'un livre écrit par une Française* sur les enfants de déportés et les traces que laisse, selon l'auteur, pour trois générations, la déportation. Tout le monde a parlé de cette influence sur les générations

---

* Claudine Vegh, *Je ne lui ai pas dit au revoir*, Gallimard, 1980.

suivantes, par rapport à ce sentiment d'iniquité extrême, cette injustice dont vous parliez. Mais pensez-vous que la déportation ait eu une répercussion sur votre attitude par rapport à vos enfants, aux valeurs que vous leur avez données, et aux jeunes d'une façon plus générale?

– C'est une question très difficile... Par rapport à la jeunesse en général ou aux enfants en particulier, il y a une grande différence. Mes enfants ont toujours refusé d'aborder ce sujet. J'ai deux enfants avec lesquels j'ai toujours eu d'excellents rapports, mais ils n'ont jamais voulu entendre parler de tout cela. Quant à la jeunesse, c'est une matière fluide, chaque génération, chaque classe d'âge est différente de la suivante. J'ai souvent pris la parole dans les écoles, j'ai rencontré de l'intérêt, des réactions d'horreur, de la pitié, de l'incrédulité quelquefois, de la stupeur, de l'incompréhension... Je ne saurais quel diagnostic donner, actuellement, il s'est écoulé trop de temps, je ne vais plus volontiers dans les écoles parce que j'ai l'impression d'être un survivant d'une autre époque, un ancien combattant, une vieille barbe en somme...

– Pourtant, maintenant, on constate un net regain d'intérêt, me semble-t-il...

– Mais... quand... je ne sais pas, j'ai l'impression que cela ne touche plus les enfants. Qu'en pensez-vous?

– Je suis allé à Mauthausen fin septembre, pour la manifestation de la paix ; il y avait des enfants des écoles et je dirais que non seulement leur intérêt, mais aussi leur perception de la réalité des camps de concentration était très vive. Ils ont été très marqués. Je crois que la transmission des témoignages est toujours importante. Vous avez marqué toute une génération d'une façon positive, par un engagement dans la société qui ensuite ne s'est jamais renié.

– Vous touchez ici un point sensible. Il se peut que ce soit ma faute si je ne vais plus volontiers dans les écoles. D'un côté, je l'avoue, je suis las de m'entendre toujours poser les mêmes questions. D'un autre côté, j'ai l'impression que mon langage est devenu insuffisant, que je parle une langue différente. Et puis, je dois avouer que j'ai été touché au vif par une des dernières expériences que j'ai faites dans une école, où deux enfants, deux frères, m'ont lancé d'un ton sans réplique : « Pourquoi venez-nous encore nous raconter votre histoire, quarante ans après, après le Viêt-nam, après les camps de Staline, la Corée, après tout cela… pourquoi ? » Et je dois dire que je suis resté bouche bée, sans voix, poussé dans mes retranchements, dans ma condition de rescapé à tout prix, et j'ai répondu que je parlais de ce que j'avais vu et que si j'avais été au Viêt-nam, j'aurais raconté la guerre du Viêt-nam, que si j'avais été au goulag sous Staline, j'aurais raconté les camps de

Staline, mais j'ai bien saisi la faiblesse de mes argu-
ments. Je crains de tomber dans le panégyrique, comme
il arrive souvent. C'est-à-dire de privilégier ma propre
expérience face aux autres, tout en ayant la conscience
de vivre dans un monde en mutation rapide, en progrès
dans un sens, en régression dans un autre ; et ces collé-
giens d'aujourd'hui qui utilisent des ordinateurs avec la
plus grande désinvolture, qui connaissent, qui appren-
nent de la télévision des choses que moi je n'ai jamais
apprises, me mettent dans l'embarras. J'éprouve, j'avoue
que j'éprouve un sentiment d'infériorité par rapport à
eux, même si je sais que j'ai dit des choses importantes,
si je n'ai aucune hésitation, aucun doute sur la valeur
de mes livres, mais j'ai l'impression qu'ils sont vieux,
qu'ils ont vieilli. Une autre impression, plus récente, est
celle-ci : j'ai reçu beaucoup de lettres, j'en reçois en
moyenne une ou deux par jour ; elles sont presque toutes
de nature religieuse. On me demande, à moi qui suis
ouvertement laïc, si Dieu existe, et si oui, pourquoi il a
permis ces horreurs et pourquoi il en permet d'autres,
et cela me met mal à l'aise et je ne peux que donner la
réponse d'un laïc : le monde est livré au hasard, il n'y a
pas de maître, il n'y pas de chef. Mais le besoin d'un
Dieu paternel me semble, à ma grande épouvante, aller
croissant, même à l'école. Même les dernières fois où je
suis allé dans les écoles, c'est arrivé. Je ne connais pas
vos opinions, j'ignore si vous êtes croyants…

– *Il y a probablement chez de nombreux jeunes, aujourd'hui, ce besoin d'un personnage… peut-être pas de Dieu le père, mais d'un personnage doué d'une autorité bienveillante à laquelle s'en remettre. Je crois effectivement qu'on le sent un peu.*

– C'est sûrement un besoin de sécurité.

– *En effet, de cette sécurité qu'on trouvait jadis… Maintenant je me rappelle un de vos articles que j'ai lu dans* La Stampa *il y a quelque temps : vous disiez qu'au fond, si j'ai bien compris, il est heureux qu'aujourd'hui les politiciens n'aient plus de charisme, tant le charisme a été dangereux en politique.*

– Oui.

– *C'était bien là un des points de votre article, non ?*

– Oui, c'est la vieille histoire du roi soliveau.

– *Tout de même, personne n'est plus tenté de rechercher le charisme en politique et les gens le cherchent à un niveau généralement humain, n'est-ce pas ?*

– Oui.

– *Il y a certainement un problème de langage entre nous et les élèves, mais des expériences comme celles-ci, je ne crois pas qu'elles soient dépassées ; comme vous disiez, peut-être est-ce vous qui êtes las d'aller répéter ces choses.*

– C'est sûr.

– Et peut-être les questions qui se répètent, qui se répètent forcément...

– Oui, mais il y a aussi autre chose. Je dois le dire : une de ces questions qui se répètent est celle du pourquoi de tout ceci, pourquoi les hommes se font la guerre, pourquoi on a créé les *Lager*, pourquoi on a exterminé les Juifs, et c'est une question à laquelle je ne puis répondre. Et je sais que personne ne peut y répondre ; pourquoi fait-on les guerres, pourquoi a-t-on fait la Première Guerre mondiale, puis la Seconde – et on parle même d'une troisième –, cette question me tourmente car je ne sais y répondre. Ma réponse standard est que cela fait partie de notre héritage animal, que la conscience du territoire, la territorialité, est connue des chiens, des rossignols et de tous les animaux ; je le dis, mais je n'y crois pas. Et maintenant je voudrais vous le demander : sauriez-vous répondre à cette question : pourquoi fait-on la guerre ? pourquoi torture-t-on ses ennemis, comme le faisaient les Romains et comme l'ont fait les nazis ? Pourtant, durant un demi-siècle, on avait cessé de le faire, on avait du respect pour les prisonniers de guerre, mais cela n'a pas duré longtemps ; actuellement nous vivons dans une période cruelle. Eh bien, moi, je ne sais pas répondre, sauf par des généralités vagues sur le fait que l'homme est mauvais, qu'il n'est pas bon. Sur cette question qu'on me pose souvent, de la bonté ou de la méchanceté humaine, comment répondre ? qu'il y a des hommes bons, d'autres qui ne le sont pas, que chacun est un mélange de bon et de mauvais ?

– *J'ai l'impression qu'on en arrive à dire qu'il n'est pas possible de donner une explication complète des événements historiques.*
– C'est-à-dire l'impossibilité de tout expliquer, ou notre totale impuissance à expliquer quoi que ce soit.

– *Je voudrais revenir sur un point de notre discussion. Quand on a été dans un camp de concentration, dans un* Lager, *en quoi donne-t-on une éducation différente à ses enfants ? La déportation n'est pas seulement un enseignement pour celui qui l'a subie, mais pour les nouvelles générations.*
– Oui, mais je crains qu'avec mes enfants il se soit produit quelque chose de particulier : comme je l'ai dit, pendant quinze ans, tous les deux, à neuf ans de distance, ont fait une réaction de rejet. Mais je crois qu'il ont refusé de m'entendre parce qu'ils avaient déjà tout perçu. Ma maison est pleine de… *Lager*, ils auront certainement vu les livres, les images, les pho-

tos, entendu des conversations ; les enfants sont très sensibles à ces choses, ils doivent être déjà consciemment ou inconsciemment chargés de peur et de répulsion, et pour cela ils ont refusé mon discours, et tous les enfants maintenant le refusent. Ils ont lu mes livres, mais ne l'admettent pas. Ils n'aiment pas qu'on en parle.

– *Mais je connais Lisa*, il lui est resté une conscience antifasciste, une conscience d'engagement.*
– Oui, bien sûr.

– *Cela me paraît être la chose la plus importante de cette expérience.*
– Hum… je ne suis pas sûr que cet engagement vienne de moi. C'est une question de génération.

– *Ce n'est pas un hasard si la plus grande partie de notre génération, je crois, se trouve à faire de l'enseignement ; l'éducation et la culture sont une défense contre la barbarie, contre ce qui est arrivé.*
– Peut-être, mais il me semble que cette génération, celle de ma fille et la vôtre aussi, était dans son ensemble une génération de gens courageux, de contestataires, je ne suis pas sûr que cela provienne de la…

---

* La fille aînée de Primo Levi.

je ne sais pas… Il me semble qu'il y a là aussi des enfants de fascistes.

– *Non.*
– Comment, non ?

– *Non. Je dis non. Au moins parmi ceux qui ont participé à ces événements, la preuve en est que nous avions fondé une association appelée Nouvelle Résistance justement dans cet esprit.*
– Vous savez que l'éducation que l'on donne à ses enfants provient d'au moins trois facteurs : il y a une part qui est d'origine génétique, qu'on transmet avec les chromosomes au moment de la conception, il y a une part d'éducation consciente et une troisième qui est inconsciente, faite d'exemples. Moi, franchement, je ne me souviens pas avoir jamais donné de leçon de démocratie à mes enfants : il ont pu l'absorber dans l'air ambiant, comme ils ont absorbé le *Lager*.

– *Oui, je crois que c'est l'exemple muet qui est formateur, plus que les longs discours.*
– L'exemple, oui, c'est très important.

– *En ce sens il y a sûrement quelque chose de transmis par le père à ses enfants.*
– Peut-être.

– *Je voulais aborder un autre sujet. J'ai remarqué qu'avec beaucoup de déportés, lorsque l'on parle des analyses de Bruno Bettelheim, surtout celles contenues dans le livre* Survivre *et dans le précédent,* Le Poids d'une vie, *on rencontre de l'indifférence ou bien alors une réaction de rejet et de contestation assez vive.*

– C'est aussi la mienne.

– *Cela m'intéresserait beaucoup de parler de cela.*

– Il me semble que l'expérience de Bettelheim est fortement dénaturée par son psychologisme excessif. Il emploie le mot de régression, me semble-t-il ?

– *Oui, de régression à l'enfance.*

– Le comportement comme régression infantile… Eh bien non, je ne suis pas d'accord. Je me suis senti mûrir au *Lager*, non pas régresser. J'ai le souvenir précis qu'après avoir passé un an au *Lager*, j'étais plus mûr, plus du tout immature. J'avais une façon plus sûre et plus concrète, plus courageuse aussi, d'aborder la réalité, et il m'a semblé qu'il en allait ainsi pour tous les survivants, pour tous mes camarades. Quelle régression ? J'ai complètement oublié Bettelheim. Je me souviens assez peu de ce qu'il a dit. Il me semble que l'on ne peut parler de régression que dans un seul sens : disons que celui qui régressait mourait.

– *Bettelheim, lui, prétend que c'était une politique, évidemment délibérée, qui tendait à faire régresser le prisonnier au niveau d'un enfant, en raison de sa totale dépendance alimentaire, ou par rapport au sommeil, au temps, aux déplacements, une dépendance absolue donc, et il dit que beaucoup se mettaient alors à régresser. Aujourd'hui vous parlez du point de vue de celui qui est sorti enrichi de son expérience.*

– Oui.

– *Mais vous représentez une infime minorité.*

– Mais je n'ai pas ressenti cette contrainte sur la nourriture et… mais enfin, dans les familles, il y a bien une heure pour aller à table, et personne ne ressent ça comme une limitation, non ?

– *Je pense qu'un enfant veut manger quand il a faim.*

– Les enfants sont routiniers, ils acceptent volontiers les horaires. Je ne crois pas que ce soit une régression. En tout cas, si c'est ainsi, il y a une contradiction : si les enfants n'aiment pas les horaires fixes, contraindre un prisonnier à les suivre, ce n'est pas le faire régresser à l'enfance.

– *C'est dépendre du caprice et de la volonté d'autrui : ne jamais pouvoir intervenir sur soi-même. C'est d'ailleurs un peu ce que vous dites.*

– Je peux seulement affirmer ceci : chacun a vécu le *Lager* à sa façon, il sera difficile de trouver deux versions semblables et d'en tirer des règles générales ; dans mon expérience et dans celle de ceux qui étaient le plus proches de moi, prévalait l'envie… et même s'il y avait des facteurs régressifs, de contrainte, prévalait, disons-le sans fard, la curiosité, l'intérêt scientifique, anthropologique, pour un mode de vie complètement différent, et tout cela se révélait un facteur d'enrichissement et de maturation. J'ai dit quelquefois, et je vais encore le souligner, que pour moi le *Lager* a été une sorte d'université. L'expression n'est pas de moi mais de Lidia Rolfi*, que vous avez interviewée, j'imagine, et je la lui ai empruntée ; cette maturation s'est manifestée plus tard. Là-bas on n'avait pas le temps de mûrir beaucoup, mais la période qui a suivi le *Lager* a été une période de réflexion. Quant à *Survivre*, je l'ai lu récemment, mais sans résultat, il ne m'en est rien resté. J'ai eu l'impression d'un mauvais livre, vraiment, une série de conférences maladroitement ficelées ensemble.

– *Il y a cet article sur la famille Frank, sur lequel, entre autres, ont été portées maintes critiques, et qui suscite souvent un rejet brutal. Bettelheim fait l'ana-*

---

* Ancienne déportée à Ravensbrück, auteur, avec Anna Maria Bruzzone, de *Le Donne di Ravensbrück*, 1978, Einaudi.

lyse de la famille Frank, en montrant comment s'est produit un énorme refoulement du danger du fait de cette volonté de rester à tout prix tous ensemble, qui à la fin s'est révélée fatale pour toute la famille ; alors qu'un comportement plus concret, plus réaliste et plus souple, aurait peut-être permis de sauver l'un de ses membres. Et il étend ce type d'analyse à divers cas de familles, en particulier juives, qui auraient refoulé le danger à des niveaux tels qu'ils l'ont payé ensuite très cher. Je pense aussi à ce livre, je ne m'en rappelle plus le titre, de Debenedetti, un petit livre très beau sur la rafle du ghetto…

— Il s'appelle *Le Seize Octobre.*

— Voilà, exactement, oui… ce livre montre qu'on n'y croit pas en fait ; on fait mine que cela n'ait pas eu lieu.

— Ce « faire mine de… » est une question très grave.

— Oui, j'aimerais connaître votre opinion sur ce point central.

— C'est certain, la dénégation à tout prix a bel et bien existé : « Ce n'est pas chez nous que ça arrivera. » C'était l'attitude de mon père. Heureusement pour lui, mon père est mort un an avant, mais ce refoulement, avec tous ses risques, existait pour moi en 1942-1943. Je menais la vie de tous les étudiants, j'allais à la montagne, au théâtre, au concert…, sans me rendre compte que l'Allemagne était en train d'envahir l'Europe. C'était l'acte manqué : qu'aurais-je dû faire ? Agir autrement, émigrer par exemple, chercher à émigrer. Mais pour émigrer, il fallait franchir une « barrière de potentiel » : sortir de son trou, de la famille, se détacher de ses émotions, de la patrie, du pays natal, des amitiés, etc., force et lucidité que peu de gens ont eues, surtout en Italie, sans compter qu'il fallait aussi énormément d'argent. Ce n'était pas facile, et cette critique de la famille Frank me semble superficielle : rester ensemble représentait bien sûr un danger, mais c'était aussi l'unique moyen de conserver l'apparence de la vie passée.

— Oui, mais Bettelheim dit justement qu'on ne pouvait conserver cette apparence, et que si on cherchait à le faire, on payait le prix maximum ; celui qui a accepté de s'en détacher, ou celui qui a tenté de résister de façon active, a finalement payé moins cher.

— Oui, peut-être. Mais comment peut-on exiger une telle lucidité ? Pensez-vous qu'aujourd'hui nous vivions lucidement ? Il faudrait faire ses bagages et filer aux Nouvelles-Hébrides, ne pas rester en Europe. Sommes-nous lucides aujourd'hui ? Nous comportons-nous lucidement devant le péril nucléaire ? Le champ de bataille, s'il·doit y en avoir un, sera l'Europe, et lequel d'entre nous, s'il avait des fonds en Suisse, irait les récupérer pour s'exiler en Nouvelle-Zélande ? À l'époque, ce n'était pas très différent. Ne refoulons-nous pas nous-mêmes quelque chose ?

— *Il me semble aussi qu'il y avait dans le judaïsme italien une tradition légaliste, pour laquelle…*
— Cela n'est pas propre au judaïsme italien, mais à la bourgeoisie italienne.

— *Oui, mais en particulier depuis la libération du Piémont, le judaïsme a été reconnu pleinement dans les lois…*
— C'est sûr, le judaïsme italien était fortement assimilé, il était le mieux assimilé du monde, il l'est toujours et nous sommes les Juifs les mieux assimilés qui soient. Ce qui le prouve, c'est que je parle italien, le piémontais courant, que nous ne nous distinguons pas des autres en général, ce qui ailleurs, dans les autres pays du monde, est rare, n'est-ce pas ? Mais le légalisme n'était pas seulement le propre des Juifs italiens, ce comportement était commun à tous les Italiens.

— *C'est vrai, je sais que cette attitude a conduit certains Juifs à se présenter d'eux-mêmes quand les Allemands et la République sociale ont placardé des avis pour que les Juifs se dénoncent aux autorités.*
— En effet, cela s'est produit parfois.

– *C'était ce que disait votre père : rien ne peut nous arriver parce qu'ici ce n'est jamais arrivé. Les parents se présentent spontanément et l'adjudant des carabiniers cherche à les éloigner en leur disant : « Allez-vous-en ! »*

– Mais je veux dire qu'un autre citoyen italien, non juif, se serait comporté à peu près de la même manière. Il suffit de songer aux refus de tenir compte des bombardements : combien de gens sont restés en ville ou carrément chez eux, dans leur lit, en disant : « Il ne nous arrivera rien » ?

– *Oui, mais il y avait aussi le risque de périr dans les abris, comme c'est arrivé parfois, donc risque pour risque...*

– C'était quand même un peu moins risqué !

– *Cette hostilité au texte de Bettelheim est liée au fait qu'il semble méconnaître l'idée de sacrifice, mais son analyse est beaucoup plus articulée que celle que je peux faire ici.*

– Mais lui il a eu un destin particulier.

– *Oui, il a pu partir.*

– Il a payé et il est parti. Cela perce peut-être un peu trop dans son livre, ce destin de privilégié, d'ultra-privilégié. Je dois avouer que j'éprouve moi aussi de l'hostilité à l'égard de Bettelheim, une hostilité instinctive, sans que je puisse la justifier beaucoup. En un mot, sa suffisance m'est antipathique, comme le fait qu'il sache tout expliquer, cette armure psychanalytique qui est comme un évangile par lequel tout s'éclaire, sans laisser place au doute, et…

– *Mais attention, ce n'est pas cela.*
– Comment ?

– *Je ne sais pas, moi… quand j'entends parler les gens qui ont subi l'expérience de la déportation, j'ai presque l'impression qu'ils se sentent violés par le type d'analyse que fait Bettelheim, comme s'il voulait lire à l'intérieur d'eux-mêmes ; c'est ressenti comme une intrusion. Probablement y a-t-il deux lectures possible de ses ouvrages, et il suscite une lecture émotionnellement négative chez ceux qui ont fait votre expérience.*
– Je dois dire que j'ai lu beaucoup de livres sur le *Lager* et que j'en aime un grand nombre, mais pas celui-là. Mais je ne suis pas en mesure de justifier davantage ma position, sinon en ce sens que, d'une part, j'ai l'impression qu'il vous regarde dans les yeux et vous dit : « Maintenant je vais tout vous expliquer » ; d'autre part, qu'il confond son expérience personnelle et celle de tous les autres. Or il était, si je ne m'abuse, à Buchenwald, ou Oranienburg, je ne me

souviens pas bien… Dans un *Lager* de politiques. Lui, comme Juif, n'est resté qu'un an, après quoi il a réussi à sortir. J'ai l'impression qu'il néglige l'énorme changement qui s'est produit ensuite, et les destins différents de chacun ; il mentionne très peu de rencontres personnelles, très peu de cas personnels en dehors du sien. Il me semble qu'il se transforme lui-même en paradigme : ce qui est arrivé à moi et autour de moi, voilà ce qui est arrivé à tous.

– *Bien sûr, son expérience c'est celle du* Lager *allemand, c'est-à-dire du* Lager *pour les Allemands.*

– Du *Lager* allemand, car il était allemand.

– *Jusqu'en 1939, et il me semble qu'il sort cette année-là.*

– Oui. Il n'a donc pas eu l'expérience essentielle de l'aliénation, celle qui a été la nôtre. Il a enduré des souffrances graves, physiques, il a été frappé, il a souffert de la faim et de la fatigue, mais la déportation, avec le déracinement qu'elle implique, il ne l'a pas connue. C'est peut-être pour cette raison que son livre m'a paru si différent de mon expérience. En revanche, j'ai trouvé fascinants les ouvrages de Langbein ; malheureusement ils ne sont pas très connus en Italie. Langbein a soixante-dix ans passés, il est à moitié juif, a été communiste, et comme tel a combattu en

Espagne ; puis, comme beaucoup, il s'est réfugié en France. Il a été livré par le gouvernement de Pétain aux Allemands qui l'ont envoyé d'abord à Buchenwald, puis à Auschwitz, comme membre de l'équipe qui a « inauguré » Auschwitz. Il a écrit de nombreux livres, dont l'un est superbe, *Hommes et Femmes à Auschwitz**, où il évoque non seulement les conditions de vie des prisonniers, mais aussi celles des autres, de ceux qui vivaient au-dehors du camp. Eux aussi étaient des hommes et des femmes, et les récits qu'il donne des cas cliniques plus ou moins sérieux des SS me semblent quelque chose de nouveau, d'important et de rarement évoqué. Il nous montre comment, dans un univers odieux, presque tous se comportaient sans être pour autant des monstres congénitaux : il y avait en fait assez peu de monstres, de malades mentaux, de tortionnaires, la plupart s'en tenaient à la discipline avec une indifférence lasse. Cela ne les enchantait pas de tuer les gens, mais ils l'acceptaient, ils étaient le produit d'une école. J'ai rarement lu un livre qui montrait aussi bien le poids considérable de l'école nazie, du système scolaire national-socialiste dans la création d'une classe de subalternes. Langbein a été longtemps secrétaire d'un des médecins-chefs des SS et aussi membre de la résistance

---

* Hermann Langbein, *Hommes et Femmes à Auchwitz*, UGE, 10/18, 1994.

intérieure du *Lager*; il occupait donc une position clef, pouvait savoir énormément de choses et il raconte comment ce Dr Wirtz, dont il était le secrétaire, n'était en somme qu'un individu comme les autres, qu'il était entré dans l'engrenage, dans les SS, pour faire carrière, sans pouvoir ensuite en sortir. Depuis, ce Dr Wirtz s'est suicidé, il est passé en jugement, mais je crois bien qu'il s'est suicidé.

— *Vous êtes aussi écrivain. Je voulais savoir ce que vous pensez de l'ensemble de cette production, et si, selon vous, il y a encore des études inédites à faire sur les KZ.*

— Je ne peux pas l'affirmer avec certitude. J'ai l'impression qu'un livre comme celui de Langbein est suffisamment exhaustif et en dit déjà beaucoup.

— *Voilà ce que je veux dire : l'impression que nous avons eue est que, dans la période qui a suivi immédiatement votre retour à vous tous, entre 1945 et 1948, vous avez écrit beaucoup, comme mus par un impératif kantien de témoignage à l'égard de ceux qui n'ont pu revenir. Puis, peut-être en raison des changements politiques, s'est opéré un abandon progressif de cette thématique. La littérature de témoignage, en Italie, peut-être même en partie inhibée par le fait d'avoir été illustrée par un écrivain de la taille de*

Primo Levi, ne s'est plus manifestée par la suite. Maintenant on se remet à écrire. Avez-vous l'impression que cela soit lié aussi à la situation que vous avez trouvée à votre retour, au fait que souvent vous n'étiez pas écoutés et même que vous n'aviez pas été crus ? Et surtout chacun avait eu des ennuis pendant la guerre qui, même minimes, avaient de l'importance. Ce vide, à mon sens, vient de là.

– On se remet à écrire ? À quel livre pensez-vous ?

– *Il a été publié un livre, que je n'ai pas lu car il est très difficile à trouver, écrit par un jeune Juif, qui était un tout petit enfant à l'époque, et dont Natalia Ginzburg a donné un compte rendu dans* La Stampa *l'été dernier, un texte passé inaperçu. Puis est paru ce texte d'une psychanalyste française qui a interrogé les enfants de déportés, et qui s'appelle* Je ne lui ai pas dit au revoir. *Enfin, sur Ravensbrück, est sorti* Il Ponte dei corvi*.

– J'ai lu le manuscrit.

– *Aux éditions Mursia, sont parus aussi quelques textes nouveaux qui étaient restés dans les tiroirs.*

– Je ne suis pas au courant. Je trouve que le livre de Maria Arata, *Il Ponte dei corvi*, est un témoignage

---

* Maria Arata, *Il Ponte dei corvi*, Mursia, 1979.

très modeste. Je ne ferais pas grand cas de ce qui se publie aujourd'hui après tant d'années. Je ne suis pas sûr que l'on découvre des choses fondamentales et je n'aimerais pas qu'il s'agisse là d'un phénomène de mode.

– *Non, ce ne sont peut-être pas des choses fondamentales, peut-être suis-je sorti du cadre de cet entretien, mais… dans nos interviews beaucoup de gens parlent aujourd'hui pour la première fois.*

– Pourquoi ? Parce qu'on le leur a demandé.

– *Non.*

– Vous êtes sûr qu'ils parlent pour la première fois ?

– *C'est ce qu'ils disent.*

– Personne ne leur avait jamais rien demandé avant ?

– *Si, mais ils refusaient de parler. Elena Recanati, Natalia Tedeschi*, dans les témoignages que nous avons recueillis, nous l'ont bien dit. Je pense que c'est parce qu'ils s'adressent à une génération qui n'est plus la leur.*

– Je ne sais que répondre. De mon point de vue, je

---

* Deux femmes juives déportées à Auschwitz.

n'ai pas noté un regain d'intérêt pour la captivité, le *Lager*, les camps de concentration, si ce n'est sous cet aspect étrangement religieux, du genre : expliquez-moi, explique-moi, le mal du monde. Non, je n'ai pas une approche quantitative du phénomène : ce genre de discours n'est pas propre à l'Italie. J'ai reçu ce matin la lettre d'un jeune théologien américain vivant en Suisse qui m'annonce qu'il a lu publiquement mes livres à l'église ; il m'a mis dans un terrible embarras, je ne savais pas quoi lui répondre. J'ai été carrément invité à un congrès de théologiens aux États-Unis, et j'ai répondu *non sum dignus*, je serais comme un agneau parmi les loups ou un loup parmi les agneaux. Mais que des gens comme Elena Recanati ou Natalia Tedeschi parlent seulement maintenant, je pense que c'est parce qu'elles n'avaient pas été contactées jusqu'ici. Elles ont refusé de parler avant ?

– *Non, elles ont dit qu'après leur retour elles se sont senties incomprises, qu'on ne les croyait pas, qu'elles n'avaient pas le courage de parler.*

– Non, moi, je n'ai pas eu le sentiment d'être incompris. Comme vous le savez, *Si c'est un homme* a eu une carrière difficile. Il n'a été connu que dix ans après avoir été écrit. Mais on m'a manifesté de la compréhension, de la solidarité, je ne suis jamais trouvé gêné pour raconter mon histoire.

– *Je ne sais pas si dans le cas des femmes, il n'y a pas une violence particulière, une difficulté et une retenue particulières à parler de curiosités morbides qui ont plus tard trouvé leur achèvement dans le terrible film de Liliana Cavani**.

– Peut-être, oui.

– *Ce que l'on comprend fort bien dans les interviews que nous avons faites jusqu'à maintenant, c'est que ce dont on ne veut pas parler, ce n'est pas d'éventuelles pratiques sexuelles, mais justement de ce genre d'absence de solidarité, ce que j'appelle perte d'identité, cette réduction à l'état de bêtes où consentir par hasard à quelque chose est sans grande importance, et ne méritait pas que Liliana Cavani le monte en épingle d'une manière qui a choqué tout le monde. Peut-être certaines femmes évoquent-elles des questions indiscrètes qui leur ont été posées à leur retour, ou carrément des accusations.*

– Peut-être est-ce là…

– *Il y a des cas où on a dit brutalement à des femmes : tu es revenue, donc, cela veut dire que… Une d'ailleurs le dit.*

– Comment ?

---

* Il s'agit de *Portier de nuit*.

– Oui, elle a quitté son fiancé qui s'était permis de lui dire que si elle était revenue, c'est parce qu'elle avait eu des rapports avec les SS ou quelque chose de ce genre.

– Je dirais que c'est quelque chose d'un peu différent. La perte de la dignité humaine a été plus forte chez les femmes que chez les hommes, et certaines ont eu honte de le raconter, mais aller jusqu'à lancer de telles accusations…

– Donc, en parlant du Lager, vous parlez également de ses liens avec l'industrie de guerre allemande.

– Oui.

– J'aimerais savoir, puisque c'est pour moi un sujet central, et qui au fond n'a guère été développé, quels rapports existaient entre les entreprises, les SS et le Lager *: peut-être avez-vous pu étudier de près cette question ?*

– Certainement. Dans le *Lager* où j'étais, il y avait une dyarchie, c'est-à-dire que nous dépendions simultanément des SS et de l'industrie allemande, qui avaient des intérêts opposés : les SS voulaient nous détruire, nous tuer, le *Lager* était là pour cela ; mais pour l'industrie allemande, ce qui importait c'était la main-d'œuvre ; un ouvrier qui vit trois mois, puis disparaît, est un mauvais ouvrier car il doit être remplacé par un autre qui n'a pas encore appris le métier. Il y avait donc un conflit sourd entre les SS et l'industrie. Tout le monde sait que les industriels allemands ont financé le nazisme, mais ensuite ils avaient peur des SS et de leur puissance autonome.

– *N'y avait-il pas une liaison organique entre le chef du camp et les entreprises ?*

– C'est sûr, il y avait des contacts au plus haut niveau. Le *Lager* de Monowitz avait été, je l'ai su récemment, payé, financé, construit même par l'IG Farben ; ils voulaient leur *Lager*. Et il se passait des faits paradoxaux : l'industrie, l'IG Farben, ne tenait absolument pas à ce que nous soyons tués, elle tenait à ce que le travail ne soit pas entravé, et je suis pour une part probablement redevable de ma survie à ma qualité de chimiste. Je ne sais pas et ne saurai jamais s'ils m'ont sauvé de la sélection d'octobre parce que j'étais chimiste ; ce bruit a couru, car je faisais partie du personnel permanent de l'usine. Il y avait dans le service les noms de certains employés et leurs numéros, dont le mien : font partie de ce service messieurs Untel et Untel et les numéros untel et untel. Il y avait donc à cette date une interpénétration et une rivalité des deux pouvoirs, politique et industriel. Les fonctionnaires, les techniciens de cette énorme usine, qui n'a jamais fonctionné puisqu'elle était en construction, étaient des gens comme il y en a tant. Je ne sais si vous vous souvenez de cette histoire que j'ai racontée dans *Le Système périodique*, l'histoire du Dr Müller, avec lequel j'ai eu ensuite des contacts et qui me demandait mon pardon ; il voulait que je lui pardonne, et je ne savais pas bien comment faire, je me trouvais dans une situation extrêmement conflictuelle. Si vous ne vous en souvenez pas, voici l'histoire. Je n'en ai pas parlé dans *Si c'est un homme*, mais dans ce laboratoire où je travaillais est apparu un jour un homme très gros, et très grand, qui me regardait avec curiosité, qui parlait avec moi en allemand et qui m'a demandé : « Pourquoi avez-vous l'air si effrayé ? » Chose étrange, il me vouvoyait. Il m'a demandé ensuite pourquoi j'étais mal rasé, et m'a fait avoir un bon pour être rasé deux fois par semaine ; il a vu aussi que j'avais aux pieds des sabots de bois et m'a fait donner des chaussures de cuir. À cette question – pourquoi avez-vous l'air si effrayé ? –, je ne me rappelle pas ce que j'ai répondu, peut-être rien ; j'étais extrêmement déconcerté, embarrassé, épouvanté, je ne comprenais pas qui il était ; mais je me souviens de son nom – Müller c'est un nom courant, mais en fait il ne s'appelait pas Müller, j'ai changé son nom pour les raisons que j'ai déjà données. Or, vingt ans plus tard, j'ai eu des contacts avec une Allemande dont le mari travaillait à l'IG Farben, et alors je lui ai demandé :

« S'il vous plaît, pouvez-vous me dire comment ont fini tel ou tel ? » Ils avaient tous disparu, sauf ce Dr Müller. J'étais très embarrassé ; en effet je me trouvais en contact avec un chimiste, un collègue en somme, qui m'avait rendu service, s'était comporté à sa manière avec un peu de compassion et qui voulait que je lui accorde mon pardon. Je lui ai écrit alors : « Moi, un laïc, je ne sais pas ce que signifie pardonner, je ne connais pas réellement le sens de ce mot, ce que veut dire : je t'absous de tes fautes si tu les as commises ; mais toi, raconte-moi ce que tu as fait. » Et il m'a raconté sa carrière, en toute franchise je pense. Il n'avait pas été dans les SS, mais dans les SA où on l'avait versé d'office, car il faisait partie d'une ligue d'étudiants qui avait été incorporée dans les SA ; mais comme cela ne lui plaisait pas et qu'il était de tempérament pacifique, il s'était fait transférer ensuite dans l'arme antiaérienne. Ensuite, il a été envoyé comme chimiste à Auschwitz peu de jours avant que je ne le rencontre. Il m'a soutenu qu'il n'avait pas bien saisi ce qu'était ce complexe industriel et concentrationnaire, avec ces prisonniers en mauvaise santé, mal nourris, et qu'on lui avait dit que c'étaient des prisonniers politiques, des ennemis de l'État, auxquels il ne fallait pas adresser la parole. C'était certainement un peureux, et il m'a écrit que c'était lui qui m'avait fait entrer dans le laboratoire, chose qu'il m'est impossible de vérifier. Je lui ai écrit que s'il en était ainsi, il pouvait vivre en paix, mais que je ne me reconnais aucun droit pour absoudre ou pour condamner. Comme il m'avait téléphoné pour me voir, je lui avais donné rendez-vous à Finale Ligure, mais il est mort quelques jours avant. Il est mort subitement. J'en ai retiré le sentiment qu'il est stupide de parler de mauvais Allemands : c'était le système qui était diabolique, le système nazi était capable d'entraîner tout le monde sur la voie de la cruauté et de l'injustice, les bons comme les mauvais. Il était très difficile d'en sortir. Il fallait être un héros. Ce que je ne comprends pas, c'est que ce n'est pas arrivé en Italie. Un démon aurait-il élu domicile en Allemagne ? Récemment Ferdinando Camon m'a interviewé par écrit et m'a parlé de l'élément démoniaque dans le luthérianisme, mais je ne connais rien là-dessus.

— *C'est l'esprit grégaire qui est impressionnant.*
— L'esprit grégaire, le consentement, le fait de dire toujours oui.

— *J'ai entendu parler d'une expérience faite avec des étudiants américains, il y a plusieurs années. On les faisait assister à des électrochocs. Et il n'y en a eu qu'un tout petit nombre qui a pressé le bouton pour interrompre les électrochocs.*

– Pourtant c'était des Américains, vous voyez... Et pourquoi les Allemands d'aujourd'hui ne sont-ils pas comme ceux d'hier ?

– *En effet, ils ont le mouvement pacifiste le plus puissant d'Europe.*

– Ils ont le mouvement pacifiste, le mouvement vert, une démocratie qui fonctionne. Pourquoi ? J'en suis vraiment venu à croire à la conception héroïque de l'histoire, selon laquelle l'homme mauvais, puissant et persuasif, l'incarnation du démon, tel Hitler, entraîne derrière lui le peuple entier comme un troupeau. Y a-t-il une autre explication possible ? Dans les actualités cinématographiques de l'époque, les dialogues entre Hitler et le public sont quelque chose d'impressionnant, comme un échange de coups de tonnerre. C'est pour cette raison que j'ai peur des personnalités charismatiques. Je ne parviens pas à admettre la thèse marxiste du nazisme comme fruit de la lutte de classes ; le comportement du peuple allemand était trop particulier et la personne de Hitler était trop particulière aussi. Je ne sais pas, je me pose la question.

– *Il est sûr que les germes du nazisme sont à chercher dans le traité de paix de la Première Guerre mondiale. Avoir voulu faire porter à l'Allemagne toute la responsabilité du massacre et lui avoir imposé des humiliations absurdes a certainement favorisé l'esprit de revanche.*

– Bien sûr, mais l'Allemagne de la Seconde Guerre mondiale a subi des humiliations encore plus terribles. Elle a été coupée en deux, occupée, même par les Français, et pourtant le phénomène ne s'est pas reproduit. Je suis effrayé quand on m'interroge sur les raisons historiques.

– Cette position qui est liée à une expérience spécifique représente un acquis très important par rapport à l'Histoire qui prétend tout expliquer et ne fait que rassurer, qui suppose le progrès, une fin à atteindre pas à pas. Ce genre d'attitude liée à une expérience concrète m'intéresse beaucoup. Ce sont en effet des attitudes généralement historiographiques. Dans votre cas et dans celui de beaucoup d'autres, c'est parce que vous avez vécu la déraison à fleur de peau, de l'intérieur.

– Avoir été impliqué personnellement ne me fournit pas d'éléments d'explication, je peux fournir des données, mais les raisons, non. J'ai songé à cette question depuis longtemps, mais sans arriver à une conclusion différente de celle à laquelle peut arriver un historien ou un philosophe de l'histoire… En somme, pour dire la vérité, je n'ai pas rencontré de monstres, mais des fonctionnaires. Ils se comportaient comme des monstres. Si nous parlions, mais c'est un sujet vraiment délicat, du *Sonderkommando**, que dire? Je reste atterré devant cette affaire. Je ne sais pas si vous connaissez *Médecin à Auschwitz*, ce livre écrit par le médecin hongrois Nyiszli qui a été lui-même médecin légiste; il faisait partie des *Sonderkommando*, c'était l'un de leurs médecins. On dirait que rien ne résiste à la violence que nous avons connue. Je me suis demandé ce que j'aurais fait si cela m'était arrivé, si j'aurais eu le courage de me tuer, de me faire tuer, au cas où on m'aurait affecté à une telle tâche. Peut-être ne comprenaient-ils pas. Il y a des cas de gens qui ont préféré se faire tuer plutôt qu'entrer dans les *Sonderkommando*, d'autres ne l'ont pas fait.

– *Il y avait beaucoup de suicides?*
– Non. C'est un sujet important. Il y avait peu de suicides au *Lager*, et d'ailleurs il y avait peu de suicides en temps de guerre, moins que maintenant, et j'ai lu différentes explications, peu convaincantes, de ce phénomène. Mon interprétation est que le suicide est un acte humain; les animaux ne se suicident pas, et dans les camps l'être humain tendait à se rappro-

* Littéralement « commando spécial », composé de détenus chargés de sortir les cadavres des chambres à gaz et de les amener jusqu'au crématoire.

cher de l'animal. Oui, je l'ai déjà dit, l'important c'était de passer la journée, ce qu'on mangeait, s'il faisait froid, de savoir quelle tâche, quel travail on aurait à faire, arriver jusqu'au soir en somme. On n'avait pas le temps de penser…, de penser à se tuer.

– *Cela aurait pu être une façon d'en finir avec les souffrances, pourtant.*
– Quelquefois j'y ai pensé, mais jamais sérieusement.

– *Est-ce qu'il y avait des gens qui se laissaient mourir ?*
– Là, c'est différent, ce n'est pas un acte volontaire.

– *Toujours à propos du* Lager *: il y avait bien des actes de résistance, du sabotage ? Même des petits sabotages. Debenedetti raconte par exemple qu'il devait planter des choux dans un grand pré…*
– Mais de quel Debenedetti parlez-vous ?

– *Leonardo, le médecin.*
– Ah ! oui…

– *Il dit : « Je croyais faire du sabotage en coupant les racines et en plantant le chou qui se fanait ensuite… »*

– Il y en avait beaucoup, oui. Je me rappelle avoir détruit un wagonnet, j'ai continué à pousser un wagon en sachant que l'aiguillage était actionné dans le mauvais sens et qu'il allait s'écraser contre un autre wagonnet. Je l'ai fait en feignant de me tromper, j'étais avec d'autres déportés et nous l'avons fait tous ensemble, plus ou moins consciemment ; j'ai aussi tenté de rayer des rouleaux que je savais être importants et il s'en est fallu de peu que je passe en jugement. J'ai fait semblant de tomber dessus. Je n'ai rien saboté d'autre. Et je n'ai pas eu connaissance de sabotages importants. À l'usine, c'est la peur qui dominait. Quant à la résistance, oui, j'ai quelque chose à dire. J'ai su bien plus tard qu'à Monowitz il existait aussi une organisation de résistance. Sur place, je n'en ai eu le soupçon que deux fois. Un jour nous avons eu un kapo juif qui était névropathe, qui nous frappait – tous frappaient, mais celui-ci nous frappait avec une particulière sauvagerie, il frappait pour faire mal, sur le nez, sur le cou. J'ai parlé du personnage à un de mes camarades de captivité qui était juif et communiste. Il m'a dit : « Tu verras, il ne restera pas longtemps. » Et de fait, quelques jours plus tard il avait disparu. Et mon ami communiste de me faire remarquer : « Je te l'avais bien dit. » Je n'ai rien su ni rien compris d'autre. Le second épisode concerne un homonyme, un certain ingénieur Levi de Milan, qui quelques jours avant l'arrivée des Russes m'a abordé en me disant : « S'il t'arrive quelque chose, viens me trouver. » Moi, une fois encore, j'avais mal compris, je l'ai prié de répéter et il m'a redit la même phrase. Plusieurs années après, j'ai rencontré un communiste français, juif, qui était à Monowitz, à qui j'ai raconté les deux épisodes, et il m'a confirmé que l'un comme l'autre étaient explicables, qu'il y avait un petit réseau de résistance, de préparation à la résistance, qui avait même, dans certains cas, pouvoir de vie ou de mort, car ils étaient en mesure de mettre la main sur les registres d'état civil du camp et d'enlever un nom pour le remplacer par un autre. Ce kapo dont j'ai parlé avait donc dû être mis à la place d'un sélectionné, c'était en somme un moyen de contrôler dans une certaine mesure les listes de ceux qui partaient pour la chambre à gaz. J'ai demandé à l'homme qui m'a expliqué cela s'il aurait pu m'arriver, à moi, non communiste, de finir à la chambre à gaz pour sauver un communiste ; il m'a répondu : oui, naturellement. À Auschwitz comme ailleurs, la résistance était aux mains des communistes. Ce sont des pratiques que je ne peux commenter, je pense qu'en un sens elles étaient justifiées, puisque seul le Parti communiste allemand, monolithique, comme tous les partis communistes, tenait debout, pouvait avoir alors une certaine force. Donc je pense qu'on devait admettre qu'un individu quelconque puisse être condamné à mort pour sauver un des leurs. Cela ne me semble pas si monstrueux.

– *Mais nous avons aussi des témoignages de gens liés à la résistance qui, en quelque sorte, étaient protégés dès leur arrivée au camp. Ce n'était pas nécessairement des communistes.*

– Pas nécessairement ?

– *Il y avait des sortes de recommandations dans les bureaux et on cherchait à diriger les résistants vers des travaux moins pénibles, des situations un peu plus commodes, au moins d'après nos témoignages.*

– Sans doute, mais dans mon *Lager* cela ne servait à rien... Et même, quand je disais que j'étais un partisan, on me recommandait de me taire, de n'en parler à personne. Des Français qui en savaient plus long que moi m'ont prévenu : si tu es un partisan, ne le dis pas, ici il y a des espions partout.

27 janvier 1983

Contre l'oubli

Primo Levi avait une connaissance exceptionnelle de la littérature issue du *Lager* ; sa renommée d'écrivain lui permettait de recevoir les travaux les plus « confidentiels » sur ce sujet et je pense que sa bibliothèque constituerait un centre de documentation hors pair. Mais il a toujours refusé de se présenter comme un historien ; son rôle était différent : c'était celui d'un témoin qui répond à des questions. En parcourant mes notes, je redécouvre toute l'importance des discussions menées avec lui dans le cadre de nos recherches et combien Primo Levi nous a donné, à nous et à notre groupe de chercheurs, des informations capitales pour comprendre toute la complexité de l'univers concentrationnaire. Éléments qui figuraient par ailleurs dans ses œuvres, mais que nous n'avions pas su pleinement saisir. Dans le style mesuré et précis qui lui est propre, il reprenait les thèmes principaux et recréait l'atmosphère quotidienne : « Au *Lager*, on ne savait jamais bien ce qui arrivait », « On n'avait pas le temps de penser à la mort, mais il n'y avait que des besoins primaires, tenir jusqu'au soir », « Celui qui obéissait à tous les ordres mourait », « L'apparence était essentielle, l'habit faisait le moine », « On ne se rappelle pas volontiers le *Lager*, la réduction de l'homme au non-humain ».

Le souvenir de cette conférence me laisse encore un peu mal à l'aise : Primo Levi avait déjà écrit tout cela, mais nous n'avions pas tout compris. Aucune ombre d'ennui de sa part, mais seulement la reprise exacte de thèmes ou d'allusions pour faire comprendre, pour tenter de faire comprendre, cet événement « indicible » à quelqu'un qui ne l'a pas vécu. À quoi s'ajoute un usage extraordinaire de la langue, sans aucune concession à la rhétorique ou à l'imprécision. Des phrases courtes, sèches, bien pesées : je me rappelais les récits du *Système périodique*, écrits d'un chimiste familier des valences et des mesures. En toute cohérence avec sa volonté de témoigner, il accepta de participer à ce *Recueil d'histoires vécues*, lui qui pourtant avait raconté la sienne mieux qu'aucun autre, et il répondit à mes questions et à celles d'Anna Bravo. Il est à son tour une des 220 voix de la déportation s'exprimant à cette occasion, et, comme il le dit, « pour beaucoup d'entre nous, être interviewé était une occasion unique et mémorable, l'événement qu'on avait attendu dès le jour de la libération, et qui a donné un sens à notre libération même [1] ». Ici, il parle réellement pour les autres, pour tous ces inconnus qui n'avaient pas eu cette possibilité ou cette volonté de raconter, qui avait été jusqu'alors l'apanage de quelques-uns. Quand cette occasion a été donnée à tous les déportés du Piémont, l'écrivain célèbre devint une des voix du chœur des déportés, avec une humilité et une simplicité exceptionnelles.

L'interviewer était difficile parce que nous recueillions des biographies auprès de gens qui n'avaient jamais encore raconté leur histoire, alors que son odyssée, couchée sur le papier, était devenue par excellence l'histoire du déporté italien; au début de notre entretien, il s'excuse presque, en disant : « Il se peut que je répète des choses qui apparaissent dans mes livres. [...] Ce que je n'ai pas raconté n'est aujourd'hui que peu de chose, seulement quelques détails » et certains sujets qui lui semblaient « marginaux » au moment de son retour ont été ensuite repris dans *Lilith*. Mais son témoignage révèle toujours un effort de précision continu, mesuré, têtu, la reprise de certaines phrases de ses livres pour mieux les définir, dans la crainte de n'avoir pas suffisamment été clair. L'expérience de cet entretien m'a rappelé à un usage rigoureux et prudent des citations et des paroles, portant une grande attention à bannir toute interprétation risquant de forcer les véritables propos du témoin. Un autre écrivain turinois, Carlo Levi, a écrit : « Les mots sont des pierres » ; ceux de Primo Levi me paraissent être des galets polis, devenus presque parfaits grâce à un travail de méditation et d'ajustement continuel, qui en a supprimé toutes les aspérités et les ambiguïtés.

En France également, on a lu et étudié Primo Levi, mais ce témoignage où l'écrivain célèbre désire n'apparaître que comme simple déporté fera ressortir certains aspects peu connus de son expérience et de sa réflexion.

Cette interview reprend les grands thèmes de la déportation, comme le « savoir-vivre » du *Lager*, un « code de comportement spontané » consistant « en des prescriptions et interdits » qui, comme l'apprenait l'expérience, « pouvaient être tournés » ; c'étaient des expédients indispensables à la vie qui obéissaient à des règles très strictes. À ce comportement se rattachaient la capacité de survivre à l'« initiation », opérée aussi bien par les autorités du camp que par les camarades plus anciens ; la nécessité de maintenir une certaine propreté vestimentaire – « Ici on *doit* avoir des chaussures propres, une veste propre » – ; et, enfin, l'interdiction d'aborder dans les conversations certains sujets comme la mort et, dans une moindre mesure, la nourriture : « C'était faire preuve de maladresse, pour ainsi dire de mauvaise éducation, que de parler de crématoire ou de chambre à gaz. [...] Il était considéré comme incorrect d'évoquer de tels sujets, on faisait taire celui qui en parlait, on haussait les épaules, on changeait de conversation. » De tels refoulements étaient nécessaires : « Il faut songer que, dans les conditions où il était plongé, le déporté ne possédait pas notre sensibilité et notre émotivité ; il était hébété, et cette hébétude assurait son salut, car elle lui permettait de tenir jusqu'à la fin de la journée, en ne se préoccupant que des réalités immédiates et quotidiennes et en refoulant le reste. »

« La peur de la mort n'était pas qualitativement différente, pour autant que je m'en souvienne, de celle que l'on connaît dans la vie normale. Aujourd'hui, nous avons beau être libres, nous savons tous que nous allons mourir, et là-bas non plus on n'ignorait pas que la mort frappait : non dans dix, vingt ou trente ans, mais dans quelques semaines, dans un mois. Étrangement cela ne changeait pas grand-chose. La pensée de la mort était refoulée, comme dans la vie courante. La mort ne figurait pas au registre des mots ou des peurs quotidiennes, on manquait si cruellement de tout, de nourriture, de chaleur, il était si vital d'éviter la fatigue et les coups, que la mort, qui n'apparaissait pas comme un péril immédiat, était escamotée. » Pour mieux se faire comprendre, Primo Levi reprend un de ses récits[2] en soulignant que « nous n'étions pas dans un monde où régnait la morale antérieure, que c'était un monde bipartite, un monde divisé en deux – nous et les autres – et que la morale courante ne fonctionnait plus ».

On assiste à un élargissement des thèmes déjà abordés dans ses écrits, et non seulement dans *Si c'est un homme*, ouvrage qui, à l'époque de sa rédaction, présentait un ton bien particulier : « Il me semblait que le thème de l'indignation devait prévaloir, c'était un témoignage, presque de nature juridique, et j'entendais en faire un acte d'accusation non dans un but de représailles, de vengeance, de punition, mais en tant que témoignage. »

Mais cette interview ne se caractérise pas seulement par ce souci d'exactitude et, si j'ose dire, ce commentaire aux thèmes de la déportation, elle révèle aussi une attention continuelle à notre travail et à notre soif de précisions, d'éclaircissements, de questions même ; lorsque nous évoquions des thèmes trop vastes et difficiles à définir, il intervenait de façon précise et réclamait du concret, par refus de l'indéfinissable : « Sauriez-vous répondre à cette question, pourquoi fait-on la guerre ? » Dans le texte, nous avons voulu conserver cette attention sans faille aux sollicitations des interlocuteurs qui assure la continuité du dialogue, au sens quasi socratique du terme. Chacune de nos questions est pesée et reçoit toujours en réponse la rigoureuse leçon du doute, de la mise en discussion, de la réflexion attentive qui donne des éléments de vérité mais ne saurait fournir aucune certitude dogmatique d'interprétation.

Primo Levi parlait seulement de réalités concrètes et vécues, mais en même temps réussissait à donner une vue d'ensemble de l'événement que représente la déportation sans pour autant la ramener à une série de faits. « L'événement est quelque chose qui va au-delà de la vérité parce qu'il ne saurait être exprimé par des termes logico-rationnels auxquels il n'est pas réductible. L'événement est quelque chose qui, d'un certain point de vue, n'est pas parfaitement mesurable ; quelque chose qui ne s'identifie pas avec l'idée de vérité, au moins de la manière rationaliste avec laquelle nous sommes portés à concevoir la vérité. En effet, dans un procès, le témoin n'est généralement pas interrogé pour qu'il livre un témoignage sur un événement, mais sur un fait. Nous nous trouvons face à trois réalités qu'il faudrait peut-être considérer séparément : l'événement, le fait, la vérité[3]. » Et comme le dit Hannah Arendt : « Le besoin de raison n'est pas inspiré par la recherche de la vérité, mais par la recherche du sens. Et sens et vérité ne sont pas la même chose[4]. »

Il me semble que Primo Levi, qui aimait Ulysse et le vieux marin de Coleridge, a toujours réussi dans ses œuvres à éviter ces écueils périlleux et à nous donner une vision dans laquelle sens et vérité sont ramenés à l'unité. Dans l'interview se fait jour un moment de lassitude, de déception vis-à-vis des jeunes qui confondent époques et phénomènes différents, qui ne savent pas historiciser. Primo Levi se réfugie dans une interprétation scientiste, presque darwiniste, sur la nature de l'homme, selon laquelle « nous serions dans une période cruelle » et il considère que son langage a vieilli, est devenu insuffisant. En réalité, il a toujours insisté sur la spécificité et le caractère unique du *Lager* nazi, et ses écrits, comme cette interview, sont, dans la tradition des Lumières, un témoignage plein d'optimisme dans l'avenir et les nouvelles générations.

C'est un choix délicat, très pénible même, que de vouloir, et devoir, être témoin d'un événement hors du commun : aujourd'hui, je repense à l'un des récits de Primo Levi, intitulé *Dans le parc*[5] : dans ce parc vivent des hommes-livres[6]. Le héros, Antonio, un *autobiographe*, pénètre dans un univers constitué de lieux, d'auteurs et de personnages littéraires, les plus divers et de toutes époques ; il les voit évoluer, les reconnaît et se lie d'amitié avec eux, parce que « nous nous connaissons tous : au fond nous ne sommes pas si nombreux ». Mais sa présence ne peut être éternelle comme celle des autres : il avait franchi la « frontière » un peu par hasard : « Trois ans environ après son entrée, Antonio remarqua quelque chose d'étonnant. Quand il lui arrivait de lever les mains devant le soleil ou même devant une lampe un peu forte, la lumière les traversait comme si elles avaient été de cire ; peu de temps après, il observa qu'il se réveillait le matin plus tôt que d'habitude, et s'aperçut qu'il en était ainsi parce que ses paupières étaient devenues plus transparentes ; en quelques jours elles devinrent même si transparentes qu'Antonio distinguait les contours des objets tout en gardant les yeux fermés. Sur le moment il ne prit pas ce phénomène au sérieux, mais vers la fin du mois de mai, il remarqua que toute sa boîte crânienne était devenue diaphane. C'était une sensation bizarre et inquiétante, comme si son champ visuel s'était élargi, non seulement sur les côtés, mais aussi en haut, en bas et en arrière. Il percevait désormais la lumière de quelque point qu'elle provienne et fut vite en mesure de distinguer ce qui se passait dans son dos. Lorsqu'à la mi-juin, il s'aperçut qu'il voyait la chaise où il était assis et l'herbe sous ses pieds, Antonio comprit que son heure était venue, que sa mémoire était éteinte et son témoignage accompli. Il éprouvait de la tristesse, mais ni crainte ni angoisse. Il prit congé de James et de ses nouveaux amis, et s'assit sous un chêne en attendant que son esprit et sa chair se résolvent en vent et en lumière. »

Federico Cereja

1. Primo Levi, Préface à *La Vita offesa, Storia e memoria dei Lager nazisti nei racconti di duecento sopravissuti* [La Vie offensée, Histoire et mémoire des *Lager* nazis dans les récits de deux cent vingt rescapés], édition établie par A. Bravo et D. Jallà, Angeli, Milan, 1986.
2. « Un disciple », in Primo Levi, *Lilith*, Le Livre de poche, 1994.
3. Francesco Traniello, *Storia vissuta*, Angeli, Milan, 1988.
4. Hannah Arendt, *La Vie de l'esprit*, PUF, 1992.
5. Primo Levi, *Vice de forme*, Gallimard, collection Arcades, 1994.
6. Référence à l'un des auteurs préférés de Primo Levi, le Ray Bradbury de *Fahrenheit 451*.

Vie de Primo Levi

31 janvier 1919. Naissance de Primo Levi, à Turin, dans une maison où il habitera jusqu'à sa mort. Il a pour ancêtres des Juifs piémontais originaires de Provence et d'Espagne. Il en a décrit les traditions, le mode de vie et les particularités linguistiques dans le premier chapitre du *Système périodique*.

1921. Naissance de sa sœur Anna-Maria, à laquelle Primo restera très lié durant toute sa vie.

1925-1930. Le jeune Primo, de santé fragile, n'en fréquente pas moins l'école primaire.

1934. Inscription au lycée d'Azeglio, à Turin, établissement connu pour ses professeurs et élèves opposants au fascisme, tels Augusto Monti, Norberto Bobbio, Leone Ginsburg et Massimo Mila. Le lycée vient d'être « épuré » et se présente comme politiquement neutre. Primo est un élève timide et travailleur, intéressé par la chimie et la biologie plus que par l'histoire et l'italien. En classe de seconde, durant quelques mois, il a pour professeur d'italien Cesare Pavese.

1937. Au baccalauréat, il doit repasser l'épreuve d'italien à la session d'octobre. Il s'inscrit en chimie à la faculté des sciences de l'université de Turin.

1938. Le gouvernement fasciste promulgue les premières lois raciales et interdit aux Juifs de fréquenter les écoles publiques, excepté pour les étudiants déjà inscrits à l'université, autorisés à poursuivre leurs études. Primo Levi fréquente des cercles d'étudiants antifascistes, composés de Juifs et de non-Juifs. Il lit Sterne, Darwin, Tolstoï, Thomas Mann, Aldous Huxley.

1941. En juillet, Primo Levi passe son doctorat de chimie avec mention et félicitations du jury. Sur son diplôme figure la mention : « De race juive ». Il n'a cependant jamais été victime de la moindre attitude raciste de la part des autres étudiants, qui, selon lui, ne voyaient dans les lois raciales que l'expression de la sottise et de la cruauté du régime. Il cherche ensuite du travail, sa famille ne pouvant plus subvenir à ses besoins. Il trouve un emploi semi-clandestin dans une carrière d'amiante près de Lanzo ; il n'est pas inscrit officiellement sur les registres de l'usine, mais travaille dans un laboratoire d'analyses chimiques. Il est chargé d'isoler du nickel dans les matériaux de rebut.

1942. Il trouve une meilleure place à Milan, dans une usine pharmaceutique suisse, où il est chargé de mettre au point de nouveaux médicaments contre le diabète ; cette expérience est racontée dans le chapitre « Phosphore » du *Système périodique*. Levi rapporte à Milan les quelques objets qui lui paraissent indispensables : « Ma bicyclette, Rabelais, les Macaronées, *Moby Dick* traduit par Cesare Pavese et quelques autres livres, mon piolet, ma corde d'alpiniste, ma règle logarithmique et une flûte à bec. » Il fréquente un petit groupe d'intellectuels turinois vivant à Milan dans une certaine inconscience à l'égard de la montée des menaces et des périls. Primo Levi et ses amis prennent contact avec des militants antifascistes et se politisent très vite. Primo Levi entre au Parti d'action clandestin.

1943. En juillet, chute du gouvernement fasciste. Mussolini est arrêté. Primo Levi noue des contacts avec des membres des partis du futur Conseil national de la Résistance. Le 8 septembre, Badoglio annonce l'armistice mais la guerre continue. L'armée allemande occupe le nord et le centre de l'Italie. Primo Levi rejoint un groupe de partisans agissant dans le Val d'Aoste, mais, au matin du 13 décembre, il est arrêté près de Brusson avec d'autres camarades. Il est interné ensuite dans le camp de concentration de Carpi-Fossoli.

1944. En février, prise en main du camp de Fossoli par les Allemands, qui expédient en direction d'Auschwitz un convoi de prisonniers parmi lesquels figure Primo Levi. Après un voyage de cinq jours, les hommes sont séparés des femmes et des enfants et envoyés au bloc n° 30. Levi a attribué sa survie à une série de hasards. Sa connaissance de l'allemand lui permet de comprendre les ordres de ses gardiens et la carence en main-d'œuvre après Stalingrad oblige l'industrie à utiliser le travail des Juifs : après avoir été affecté comme maçon à la construction d'un mur, ses compétences de chimiste le font transférer dans le laboratoire de l'IG Farben installé dans l'enceinte du camp. L'expérience de l'univers concentrationnaire clarifie son rapport à la religion : « Je dois dire que l'expérience d'Auschwitz a eu pour conséquence de dissiper chez moi les derniers restes de l'éducation religieuse que j'avais reçue. [...] Il y a Auschwitz, donc il ne peut y avoir de Dieu. Je ne trouve aucune solution à ce dilemme. Je la cherche, mais je ne la trouve pas. » (Extrait d'une interview réalisée par Philip Roth, parue en septembre 1986 dans *The New York Review of Books*.)

1945. En janvier, Primo Levi, qui jusqu'ici avait échappé à la maladie, contracte la scarlatine au moment où les Allemands, devant la progression de l'Armée rouge, évacuent le camp et abandonnent les malades à leur sort. Les autres déportés, envoyés vers Buchenwald et Mauthausen, succomberont presque tous durant leur transfert. Durant quelques mois, il vit à Katowice dans un camp de transit soviétique où il travaille comme infirmier. En juin, commence son voyage de retour vers l'Italie qui se poursuivra jusqu'en octobre à travers un itinéraire extraordinairement compliqué : Biélorussie, Ukraine, Roumanie, Hongrie, Autriche… Il en fera un récit dans *La Trêve*.

1946. Réinsertion difficile dans une Italie dévastée par la guerre. Primo Levi trouve un emploi dans une usine de peintures. Encore sous le coup de son expérience, il écrit fébrilement *Si c'est un homme*. Il dira plus tard qu'Auschwitz a été sa « véritable université ».

1947. Mariage avec Lucia Morpurgo. Le manuscrit de *Si c'est un homme* est refusé par les éditions Einaudi. Il sera finalement publié par les éditions De Silva, à 2 500 exemplaires. La critique est favorable, mais les ventes ne suivent pas. Levi croit terminée sa carrière d'écrivain-témoin, et se consacre à son métier de chimiste. En décembre, il accepte un poste de chimiste dans le laboratoire d'une petite usine de peintures près de Turin ; il en deviendra le directeur quelques années plus tard.

1948. Naissance de sa fille Lisa-Lorenza.

1956. Une exposition sur la déportation organisée à Turin rencontre un immense succès. Des jeunes gens assaillent Primo Levi de questions sur son expérience de déporté. Il reprend confiance en ses moyens d'expression, et propose de nouveau *Si c'est un homme* aux éditions Einaudi, qui cette fois décident de le publier. Cet ouvrage ne cessera depuis lors d'être traduit et réimprimé.

1957. Naissance de son fils Renzo.

1959. *Si c'est un homme* est traduit en Angleterre et aux États-Unis.

1961. Traductions française et allemande de *Si c'est un homme*.

1962. Encouragé par le succès de *Si c'est un homme*, Primo Levi commence *La Trêve*, journal relatant les péripéties de son retour de captivité. Il l'écrit dans des conditions très différentes : il rédige un chapitre par mois, y consacrant ses soirées et ses jours de congé sans jamais empiéter sur ses activités professionnelles. Sa vie est nettement découpée en trois domaines : la famille, l'usine, l'écriture. Son activité de chimiste l'occupe à fond. Il accomplit plusieurs voyages de travail en Angleterre et en Allemagne. La radio canadienne réalise une adaptation radiophonique de *Si c'est un homme*, que Levi apprécie beaucoup. Il propose lui-même à la RAI une version italienne, différente de l'adaptation canadienne, en développant les épisodes qui s'y prêtent le mieux et en conservant la technique du dialogue multilingue.

1963. En avril, les éditions Einaudi publient *La Trêve*, très favorablement reçue par la critique. La quatrième de couverture est due à Italo Calvino. En septembre, à Venise, *La Trêve* obtient le prix Campiello, décerné pour la première fois.

1964-1967. À partir d'idées suggérées par son travail à l'usine et dans son laboratoire, il écrit des récits d'inspiration scientifique et technique.

1965. Il retourne à Auschwitz pour une cérémonie commémorative polonaise. Il n'apprécie guère les fastes officiels, aussi bruyants que bien réglés.

1967. Il rassemble ses récits dans un recueil intitulé *Histoires naturelles*, publié sous le pseudonyme de Damiano Malabaila. Avec Pieralberto Marchè, il réalise une version théâtrale de *Si c'est un homme*, mise en scène par le Teatro Stabile, à Turin.

1971. Sous le titre *Vice de forme*, il réunit une nouvelle série de récits qu'il publie cette fois sous son nom.

1972-1973. Voyages de travail en Union soviétique. On trouve un écho de sa visite à Togliattigrad dans *La Clef à molette*.

1975. Il prend sa retraite et abandonne la direction de l'usine, dont il demeure cependant conseiller expert durant deux ans. Il rassemble aux éditions Scheiwiller ses poésies dans une plaquette intitulée *L'Osteria di Brema*.

1978. Il publie *La Clef à molette*, histoire d'un ajusteur piémontais qui parcourt le monde pour construire des treillis métalliques, des ponts, des derricks et raconte ses rencontres, ses aventures et les difficultés quotidiennes liées à son métier. En juillet, *La Clef à molette* remporte le prix Strega.

1980. Édition française de *La Clef à molette*. Pour

Claude Lévi-Strauss, qui a lu ce livre « très amusant », « avec un plaisir extrême », Primo Levi est à sa manière un « grand ethnographe ».

1981. Sur une idée de Giulio Bollati, il prépare pour les éditions Einaudi une anthologie personnelle, incluant des auteurs ayant compté particulièrement pour sa formation culturelle ou avec lesquels il se sentait des affinités (Homère, Marco Polo, Thomas Mann, Isaac Babel, Paul Celan…). Le volume paraît sous le titre *La Recherche des racines*. En novembre, il publie *Lilith et autres nouvelles*, des textes écrits de 1975 à 1981 et où, en quelques pages, il essaie de transmettre au lecteur un état d'âme, un souvenir ou un récit de pure fiction.

1982. Parution de *Maintenant ou jamais*. Succès immédiat. Ce roman remporte le prix Viareggio et le prix Campiello. Deuxième visite à Auschwitz, où il voit pour la première fois le mémorial de Birkenau, l'un des trente-neuf camps d'Auschwitz, celui qui abritait les chambres à gaz. À la suite de l'invasion du Liban par Israël et du massacre dans les camps palestiniens de Sabra et Chatila, Primo Levi accorde une interview au quotidien *La Reppublica* où il prend position contre l'« arrogance sanguinaire » du gouvernement Begin. Traduction française de *Maintenant ou jamais*. À l'invitation de Giulio Einaudi, il entreprend la traduction du *Procès* de Kafka pour la nouvelle collection « Auteurs traduits par les auteurs ».

1983. Il traduit *La Voie des masques* et *Le Regard éloigné* de Claude Lévi-Strauss. En avril, paraît sa traduction du *Procès* de Kafka.

1984. En juin, il rencontre à Turin le physicien Tullio Regge. Leur conversation, enregistrée et transcrite, est publiée en décembre par les Edizioni di Comunità sous le titre *Dialogue*. Les éditions Garzanti publient le recueil de poésie *Ad ora incerta*, qui comprend les vingt-sept poèmes déjà publiés en 1975, et trente-quatre autres parus dans le quotidien *La Stampa*, puis des traductions d'un anonyme écossais, d'Henri Heine et de Rudyard Kipling. En novembre, paraît l'édition américaine du *Système périodique*. La critique extrêmement élogieuse de l'écrivain Saul Bellow contribue à faire traduire de nombreux livres de Primo Levi dans divers pays.

1985. En janvier, sous le titre *Le Métier des autres*, il publie une cinquantaine d'articles parus dans la presse sur les sujets les plus divers, de la linguistique à l'entomologie. En février, il écrit l'introduction à la nouvelle édition de poche de *Commandant à Auschwitz*, souvenirs de Rudolf Höss.

1986. Avec *Les Naufragés et les Rescapés*, publié en avril, il livre la substance de ses réflexions inspirées par l'expérience du *Lager*. Il se rend le même mois à Londres, où il rencontre Philip Roth, puis à Stockholm. En novembre, la maison d'édition de *La*

Stampa réunit en volume, sous le titre *Racconti e Saggi*, les contributions publiées par Primo Levi dans le quotidien turinois de 1977 à 1986 (elles paraîtront en 1989 en traduction française sous le titre *Le Fabricant de miroirs*).

1987. Polémique sur le révisionnisme historique en Allemagne. Primo Levi intervient dans un article publié dans *La Stampa* le 22 janvier, « Buco nero di Auschwitz » [« Le trou noir d'Auschwitz »], où il insiste sur la spécificité des camps d'extermination nazis par rapport à d'autres politiques de déportations massives, telles celles pratiquées en Union soviétique. Il rappelle également le rôle joué par l'industrie chimique allemande dans la fabrication des gaz, ainsi que celui des usines et des banques allemandes dans le recyclage des cheveux et de l'or prélevés sur les cadavres : vouloir faire passer les crimes nazis pour une simple application en Occident de pratiques « asiatiques » n'est qu'une imposture. En mars, parution des éditions française et allemande du *Système périodique*. Primo Levi subit une opération chirurgicale.

Primo Levi se donne la mort le 11 avril, à Turin.

Repères bibliographiques

Ouvrages de Primo Levi

◆ *Histoires naturelles*, suivi de *Vice de forme*, Gallimard,
   collection Arcades, 1994.

◆ *Dialogue avec Tullio Regge*, UGE, collection 10/18, 1994.

◆ *Le Métier des autres*, Gallimard, collection Folio, 1992.

◆ *La Clef à molette*, UGE, collection 10/18, 1990.

◆ *Maintenant ou jamais*, UGE, collection 10/18, 1989.

◆ *Le Fabricant de miroirs*, Le Livre de poche, 1990.

◆ *Les Naufragés et les Rescapés. Quarante ans après Auschwitz*,
   Gallimard, collection Arcades, 1989.

◆ *Lilith et autres nouvelles*, Le Livre de poche, 1989.

◆ *Si c'est un homme*, Presses-Pocket, 1988.

◆ *La Trêve*, Grasset, collection Les Cahiers rouges, 1988.

◆ *Le Système périodique*, Albin Michel, 1987.

En italien :

◆ *Opere*, 3 vol., Einaudi, Turin, 1987.

Mille et une nuits propose des chefs-d'œuvre pour le temps
d'une attente, d'un voyage, d'une insomnie…

Derniers titres parus chez le même éditeur

Pour chaque titre, le texte intégral, une postface,
la vie de l'auteur et une bibliographie.

Achevé d'imprimer en décembre 1996,
sur papier recyclé Ricarta-Pigna par G. Canale & C. SpA (Turin, Italie)